Die 7 Gesetze des Universums

Spirituell neue Wege zum Glück beschreiten durch hermetische Gesetze - Gesetz der Anziehung, Manifestieren, Karma, Resonanz uvm.

- Energetische Blockaden erfolgreich lösen

Ben James Griebel

„Langanhaltendes Glück liegt bereits in dir."

- Ben James Griebel -

Originale Erstauflage

Softcover: 978-3-96967-168-9

Lektorat: Matthias Kramer
Druck/Auslieferung: WirmachenDruck

Impressum:

Eulogia Verlags GmbH
Gänsemarkt 43
20354 Hamburg
Deutschland

Wir wünschen viel Vergnügen beim Lesen!

Die 7 Gesetze des Universums

EULOGIA VERLAG

Was dich erwartet:

1. Das All ist Geist, das Universum ist geistig.

Woher kommt dein Geist?

2. Alles ist Schwingung. Alles ist in Bewegung.

Aus was besteht alles? Aus was bestehst du primär? Wie wirken sich Schwingungen anderer auf dich aus?

3. Das Gesetz der Anziehung und Resonanz.

Warum hat alles etwas mit dir zu tun? Steuerst du Situationen? Wie funktioniert das? Was hat das mit deinem Unterbewusstsein zu tun?

4. Das Gesetz des Karmas.

Jede Ursache hat ihre Wirkung. Alles, was du denkst, fühlst, sagst oder tust, ist die Ursache für eine Wirkung, was wir Konsequenz nennen.

5. Das Gesetz der Geschlechter.

Warum du sowohl männliche als auch weibliche Energien für dich nutzen solltest.

6. Das Gesetz der Polaritäten.

Warum Polaritäten in ihrem Ursprung trotzdem gleich sind. Wie du Pole umdrehen kannst, sodass Disharmonie wieder in Harmonie umgewandelt wird.

7. Das Gesetz der Analogie.

Warum entspricht das Eine dem Anderen?

Lieber Wegbeschreiter / liebe Wegbeschreiterin,

ich freue mich darüber, dass du dich für diesen Weg entschieden hast. Ich begrüße dich hiermit ganz herzlich und empfange dich mit offenen Armen.

Ich sehe das Göttliche in dir.

Ich freue mich, dass ich deine Besonderheit kennenlernen und deine Metamorphose miterleben darf.

Vorab kann ich dir sagen, dass sich dein Leben ins Positive verwandeln wird. Du wirst zum Beispiel mit Situationen, die für dich bisher eine große Katastrophe darstellten, mit Problemen, die für dich bisher unüberwindbar waren, mit Menschen, bei denen der Umgang bisher fast unmöglich schien, stressfreier und leichter umgehen. Du wirst dich daran erinnern, wie es ist, zu vertrauen, dass alles einem göttlichen Plan unterliegt. Plötzlich entfernen sich viele Ängste und Sorgen von dir. Kannst du dir dieses leichte, mit Liebe gefüllte Leben jetzt schon vorstellen? Fühle dich gerne hinein.

Du darfst dich auf die zukünftigen Texte freuen, denn sie werden dir wichtiges Werkzeug an die Hand geben, welches du dein Leben lang verwenden und womit du deine Realität erschaffen kannst.

Vergiss aber bitte nicht, dir zu erlauben, Spaß bei der ganzen Sache zu haben und dich den Gesetzen, die nun folgen, spielerisch zu öffnen. Denn schließlich ist das alles hier eine große Chance, die es uns erlaubt, uns selbst in allen Facetten zu erfahren. Erlaube dir, Spaß zu haben! Erlaube dir eine spielerische Vorgehensweise. Ich weiß, dass es uns manchmal verwehrt wird, wie Kinder Spaß zu haben, da es uns abtrainiert wird. Wir müssen oft schon in Kindheitstagen erwachsen sein, aber hier ist es dir erlaubt, spielerisch und kindlich zu sein.

Um eine spielerische und lockere Atmosphäre zu erschaffen, die du brauchst, um alles besser aufnehmen zu können, bitte ich dich darum, dir einen „imaginären Freund, Helfer" (Fee, Elfe, Engel) vorzustellen, mit dem du dir das alles durchliest. Erinnere dich daran, dass die spielerische Ebene sehr hoch schwingt! Aber nicht nur er soll daran teilhaben. Kannst du dich noch daran erinnern, wie du als Kind aussahst? Stell dir vor, dass genau dieses Kind sich neben dich setzt und sich das mit dir durchliest. Lass dich als Kind genauso daran teilhaben.

Ich wünsche dir viel Spaß und sende dir viel Liebe und Licht auf diesem Weg.
Lichtvolle Grüße

Ben - dein Wegbereiter

INHALTSVERZEICHNIS

Vorwort

Dieses Buch vermittelt tiefes Verständnis bezüglich der Zusammenhänge unseres Lebens. Es soll eine Art Orientierungshilfe für das Leben sein. Vor allem weist es den Weg zur Selbstermächtigung.

Es wird keine Probleme lösen, denn es soll viel mehr den Leser zu seiner inneren Kraft zurückführen und ihn auf seine wahre Natur aufmerksam machen.

Mittels des Verständnisses hinsichtlich der universellen Gesetze lassen sich Situationen leichter akzeptieren, vergeben und transformieren, sodass der Leser wieder die Möglichkeit hat, etwas Neues zu erschaffen.

Während wir unseren Lebensweg beschreiten, denken wir, dass es Zeitverschwendung wäre, darüber nachzudenken, dass wir Schöpfer unseres Lebens sein könnten.

Aus Furcht vor unserer Kraft oder vielmehr vor unserer wahren Natur baden wir uns in einem Täter-Opfer-Kreislauf. Ehe wir uns versehen, haben wir uns an genau diesen Teufelskreis verkauft und stecken in einem karmischen Kreislauf voller Angst.

Die meiste Zeit verbringen wir dann unser Dasein mit Ablehnung, Rache, Missgunst oder Neid und beachten dabei überhaupt nicht, was das für Auswirkungen nach sich trägt.

Wir fragen uns dann wahrscheinlich: „Warum immer ich? Womit habe ich das verdient? Was habe ich getan, dass ich so bestraft werde?"

Wir werden weder bestraft, noch sind wir Opfer unserer Lebensumstände. Dieses Buch ist eine schöpferische Orientierungshilfe und ermöglicht es dem Leser mittels Übungen und konstruktiven Fragen, Situationen anders zu analysieren und ein tieferes Verständnis für seine derzeitigen Umstände zu entwickeln.

Ich habe dieses Buch zur Aufklärung geschrieben und möchte den Menschen danken, die mich auf meinem bisherigen Lebensweg begleitet haben, da sie mir gute Lehrer waren und – das, ohne es zu wissen. Durch sie konnte ich jegliche Gesetze während des Alltags kennenlernen und sich an jeglichen Situationen anwenden, sodass sie mich zu meiner Wahrheit geführt haben. Natürlich werden die Lebensaufgaben mit der Bewusstseinserweiterung nicht leichter, aber lebendiger und interessanter. Denkt bitte nicht, dass sich plötzlich alle Probleme in Luft auflösen, denn dafür sind wir nicht da. Vielmehr geht es um die Aufklärung, die Auflösung der mystischen Lebensrätsel und um den Aufstieg in ein anderes Bewusstsein sowie in eine andere Verständnisebene.

Einleitung

Ich war sehr lange ein Suchender. Ich habe mich in verschiedenen Rollen gesucht. Ich habe mich in den Geschlechtern gesucht. Ich habe mich an den verschiedensten Orten gesucht und in vielen Räumen. Relativ schnell konnte ich feststellen, dass ich nirgends das fand, wonach ich eigentlich suchte. Letztendlich wusste ich irgendwann gar nicht mehr, was ich eigentlich gesucht habe. Vielleicht habe ich mich gar nicht gesucht, sondern vielmehr eine Möglichkeit oder etwas, an was ich festhalten konnte. Eine Form von Beständigkeit. Ich habe etwas gesucht, was mir Sicherheit geben sollte. Ich habe etwas gesucht, was mir Halt geben sollte. Und all das habe ich im Außen nirgends gefunden.

Irgendwann wurde ich müde von der Suche im Außen. Schlussendlich erlebte ich ein erschütterndes Ereignis, dass mich so tief traf, sodass ich anfing, nach Innen zu gehen.

Verschiedenste Fragen begleiteten meinen Alltag:

Warum erfahren wir solch schmerzhafte Situationen?

Müssen wir diese erfahren? Wenn ja, wer entscheidet das?

Müssen es immer schmerzhafte Ereignisse sein, die uns dazu bringen, andere Wege einzuschlagen?

Habe ich eigentlich einen freien Willen?

Kann ich mich für irgendwas entscheiden oder ist sowieso schon alles vorherbestimmt?

Wenn dem so ist, habe ich überhaupt ein Mitspracherecht?

Gibt es so was wie Karma wirklich? Was bedeutet Karma überhaupt? Werde ich in irgendeiner Form für mein Verhalten oder für irgendwas anderes bestraft?

Was ist das hier alles und warum bin ich eigentlich hier?

Wie funktioniert das alles hier?

Wie hängt das Innen mit dem Außen zusammen und wie hängen oben und unten zusammen?

Mit solchen Fragen wurde ich täglich konfrontiert. Ich fühlte mich zu oft hin und her geworfen. Ich fühlte mich zu oft unterdrückt. Ich fühlte mich so, als wäre ich gar nicht Herr meiner Lage, sondern als gäbe es da etwas, was über mich bestimmt.

So war meine Frage an das Leben, ob man das ändern kann.

Irgendwann, als ich mich wieder an unsere wahre Natur und an unseren freien Willen erinnerte, wusste ich für mich, dass ich gar kein Opfer meiner Umstände war.

Viele Antworten fand ich in den universellen Gesetzen.

Als sich mir viele Informationen über die universellen Gesetze offenbarten, konnte ich daraus schließen, weshalb ich zum Beispiel manche Situationen angezogen habe oder weshalb ich manche Menschen angezogen habe. Mir wurde klar, wenn ich mich ablehnte, dass ich von Außen nur Ablehnung erfahren konnte beziehungsweise auch nur Menschen in mein Leben ziehen konnte, die mich wiederum ablehnten.

Basierend auf den universellen Gesetzen konnte ich verstehen, weshalb wir keine Opfer unserer Situationen sind, sondern viel mehr Schöpfer.

Außerdem hat sich herauskristallisiert, dass es keine Zufälle gibt.

Situationen fallen uns basierend auf den universellen Gesetzen zu, denn hinter allem steckt ein Gesetz, auch wenn wir es noch nicht erkennen. Deshalb ist es umso wichtiger, die Zusammenhänge zwischen oben und unten kennenzulernen, um dann noch besser nachvollziehen zu können, weshalb etwas geschieht. Außerdem ist es wichtig, die früheren Leben mit all ihren Informationen, die in unserem Energiefeld gespeichert sind, zu beachten. Bloß weil sich jetzt in diesem Leben nicht erschließen lässt, weshalb etwas passiert ist, heißt das noch lange nicht, dass wir in einem vorherigen Leben nichts getan haben, was dazu beitrug.

Mithilfe von diesem Wissen und dem Verständnis ist man von einem Leben in Harmonie und tiefer Verbundenheit nicht weit entfernt. Denn plötzlich lässt sich so vieles leicht akzeptieren und die Annahme mancher Situationen, die man vorher vielleicht noch abgelehnt hat, lässt sich leben.

Die Zusammenhänge werden klarer und das Bewusstsein für die Selbstverantwortung wächst, sodass sich das Täter-Opfer-Dasein auflöst, wodurch sich dann der Weg des Friedens ebnet.

Die 7 Gesetze des Universums und warum sie den Weg des Glücks ebnen

Warum wir nicht unser Glückes Schmied sein können?

Warum wir unser Leid erschaffen?

Wie erwachen wir aus der Ohnmacht, um unser Selbst zu ermächtigen?

Das herzbasierte Verständnis hinsichtlich dieser Gesetze ist nicht als irdisches Gesetz, so wie wir es kennen, zu verstehen. Es ist viel mehr als ein auf Papier geschriebenes Gesetz. Es erinnert uns daran, dass alles miteinander zusammenhängt, woraus schließen lässt, dass wir alle verbunden sind.

Wir alle sind kleine Erden, die auf dieser großen Erde wirken.

Mit all unseren Emotionen – energy in motion – hinterlassen wir Fußabdrücke, da jeder festgehaltene Gedanke mit all seinen Gefühlen und Intentionen

Form annimmt. Es ist wichtig, zu wissen, dass alles nicht nur hier auf dieser Erde Form annimmt, sondern auch in anderen Räumen, die nicht hier zu finden sind.

Wenn wir alle kleine Erden sind und alle Situationen beziehungsweise alle Formen der Realität mit erschaffen, so erschaffen wir auch Leid und Qualen.

Das Problem ist, dass wir uns als Opfer dieser Leiden und Qualen sehen, weil wir vergessen haben, dass alles miteinander zusammenhängt. Wir haben vergessen, dass alles den universellen Gesetzen unterliegt. Umso wichtiger ist es, nach ihnen zu leben, um das Dasein zu verstehen. Jedoch spreche ich nicht vom logischen Verstand, sondern vom herzbasierten Verstand, der im Einklang mit Mutter Erde und dem Universum ist.

Warum existieren Leid, Rache, Missgunst, Neid und noch so viel mehr, was selbstzerstörerisch wirkt?

Da der Mensch sich und andere nicht verstehen lernt, woraus sich – beim herzbasierten Verstand – Mitgefühl entwickeln würde.

Die Erde ist nun mal ein festgehaltener Gedanke im Herzen des Universums wohnend. Im Herzen der Erde wiederum wohnt das spirituelle Herz. Die Erde ist ein geistiges Wesen mit einem spirituellen Herzen. Wie könnte es also anders sein, als dass wir ebenfalls geistige, spirituelle Wesen sind. Wenn also im Herzen der Erde das spirituelle Herz also das Universum wohnt und die Erde wiederum im Universum lebt, dann ist es so, dass die Erde nach den universellen Gesetzen lebt. Wir sind ebenfalls kleine Erden, die in sich das spirituelle Herz tragen und gleichzeitig geistige Wesen sind. Wie könnte es also anders sein, als dass wir ebenfalls nach den universellen Gesetzen leben, ohne es zu merken. Da wir es nicht merken, entgleitet uns vieles an Potenzial, Wachstum, Kraft und alles, was bereits in uns lebt, um Schöpfer der eigenen Realität zu sein. Im Umkehrschluss bedeutet es, dass wir uns bewusst werden dürfen, dass die Erde und auch wir nach den universellen Gesetzen leben und somit alles einer göttlichen Gerechtigkeit unterliegt, die wir, wenn wir uns damit nicht befassen, nicht verstehen können. Daraus resultiert, dass wir uns nicht unserer Selbst ermächtigen und somit auch gar nicht unserer Selbst bewusst werden können, wenn wir nicht erkennen, wie viel Kraft wir eigentlich haben. Die Erkenntnis der eigenen Kraft käme zum Vorschein, wenn wir nach den Naturgesetzen leben würden, denen alles unterliegt, denn daraus entsteht jeder Samen. Wenn ich nicht verstehe, wie ich einen Samen pflanzen soll beziehungsweise wie eine Pflanze entsteht, wie kann ich dann ihre Kraft erfahren oder ihre Schönheit kennenlernen?

Man sagt nicht umsonst, dass wir alle unser Glück selbst schmieden. Ich sage, dass wir unserer Selbst ein Glücksschmied sind. Jedoch kann dieser Glücksschmied nur zum Vorschein kommen, wenn das Selbst erkannt wird und welchen Gesetzen sowie welchen Kräften hier alles unterliegt. Außerdem ist es nur dann möglich, die Kraft des Selbst zu erfahren, wenn man sein Selbst wieder ermächtigt. In dieser Ermächtigung liegt die Macht also die Kraft, etwas zu machen. Die Kraft der Macht können wir nur nutzen, wenn wir nicht gegen den Strom, sondern mit dem Strom, also mit dem Universum, schwimmen beziehungsweise schwingen. Wiederum können wir nur mit dem Strom des Universums schwimmen, wenn wir verstanden haben, wie das Universum mit der Erde zusammenhängt.

Paracelsus

„Der, der nicht weiß, liebt nichts. Der, der nichts kann, versteht nicht. Der, der nichts versteht, ist wertlos. Der aber, der versteht, liebt und erkennt und sieht ... Je mehr Wissen mit einer Sache verbunden ist, desto größer ist die Liebe ... Wenn einer glaubt, dass alle Früchte zur gleichen Zeit reif sind wie die Erdbeeren, versteht er nichts von den Weintrauben.“

DIE GESETZMÄSSIGKEITEN UNSERES DASEINS

1. Gesetz

Das All ist Geist, das Universum ist geistig.

Stell dir einen großen Lichtstrudel vor, aus dem alles entspringt, in den aber auch alles wieder zerfällt.

Dieser Lichtstrudel ist: „Alles, was ist", also „Gott".

Ich weiß, dass Menschen dazu neigen, „Gott" zu personifizieren. Lassen wir mal kurz diesen Gedanken, dass Gott nur eine Person sein könnte, los und öffnen uns für Neues. Stell dir vor, dass in ALLEM, was du siehst, und in jedem, dem du begegnest, Gott wohnt. Bewerte und verurteile das Ganze jetzt gerade nicht! Gott hat allen und jedem den freien Willen gegeben, den er verfolgen kann.

Jeder ist ein Teil Gottes und somit auch „Mitschöpfer".

Alles, was passiert, passiert, weil wir es so wollten und wollen.

Ich spreche von „wir", weil wir alle miteinander verbunden sind und alle aus demselben Ursprungszentrum aller Schöpfung stammen.

Nachdem Gott uns den freien Willen gegeben hat und wir sein schöpferisches Bewusstsein haben, sind wir in der Lage, alles zu erschaffen! Genau das tun wir jeden Tag mit unserem Geist, auch wenn uns das oftmals nicht bewusst ist.

Der freie Wille ist neben der Liebe das größte Geschenk, was man uns mit auf diesem Weg gab. Es liegt jeden Tag an uns, zu entscheiden. Entscheiden wir uns z. B. für Wut gegenüber Verbrechern, bestärken wir sie und manifestieren diese unterstützende Schwingung. Entscheiden wir uns jedoch für Liebe und Akzeptanz, lösen wir die Schwingung der Täter auf und tragen dazu bei, dass sie jeden Tag ein klein wenig mehr zu Licht werden.

Gott ist der Schöpfer, der in allem lebt. Er ist reines Bewusstsein und hat mit seinem Geist alles erschaffen, was du nun wahrnimmst. Er ist alles, aber zugleich auch wieder nichts. Denn er steckt in allem, aber auch in den leeren Räumen. Also sind auch leere Räume nicht leer. Denn sie sind voller Energie.

Stell dir vor, du hältst ein Sandkorn in der Hand. Wie könnte es aus dem Nichts, also aus der Leere entstehen? Also muss doch etwas da gewesen sein, was diesem Sandkorn zur Entstehung verholfen hat, oder? Das wiederum bedeutet aber auch, dass es im Grunde das Nichts nicht gibt, da selbst das Nichts entstehen muss und wiederum etwas ist. Du wirst Gott in allem finden, denn alles, was du siehst, ist ein vom Schöpfer projizierter Gedanke. Selbst unser Erdkörper ist „nur" ein Gedanke, dessen Atome durch die Kraft seines Geistes festgehalten werden.

Alles um dich herum wurde aus seinem Geist erschaffen. Nun sind wir geistige Wesen, die eine menschliche Erfahrung machen wollen. Nicht umgekehrt.

(Unser Ursprung liegt also im Licht und in der Liebe. Wenn unser Ursprung nicht in der Liebe läge beziehungsweise wenn uns Gott nicht aus Liebe erschaffen hätte, wären wir nicht dazu in der Lage, hier zu sein. Liebe hat die höchste Schwingung, und genau diese Schwingung braucht die Schöpfung eines Erdkörpers, wie die Schöpfung unseres Seins.)

„Alles, was ist", ist Geist. Da wir ein Teil dessen sind, sind wir geistig. Da das Universum auch ein Teil von allem ist, ist es auch geistig. Genauso wie die Gefühle des Menschen menschlich sind. Damit du dir das besser vorstellen kannst, schau dir diese Abbildung an:

Bitte beachte, dass das eine vereinfachte Darstellung ist!

Der äußerste Kreis soll den Lichtstrudel, „Alles, was ist", also „Gott", darstellen.

Der mittlere Kreis soll unser Universum darstellen. Der innerste Kreis ist die Erde. Genau da halten wir uns auf.

Abb 1.

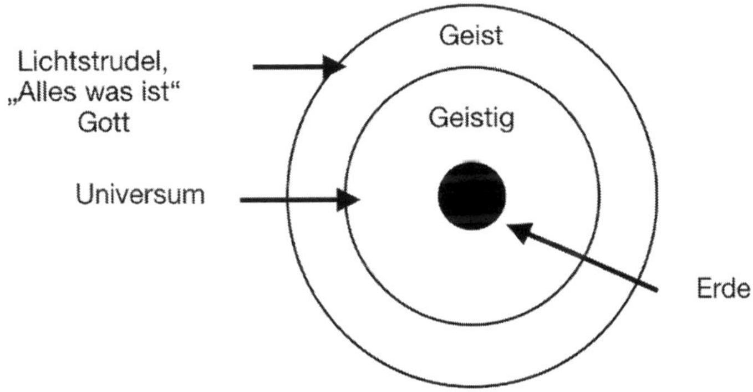

Lass uns ein kleines Stückchen weitergehen. Nun ist es so, dass sich Gott alleine nicht erfahren kann. Da in diesem Lichtstrudel Vollkommenheit herrscht und mit ihr auch die Akzeptanz gegenüber allem. Deshalb ist es dort unmöglich, zu fühlen. Dort ist alles so friedvoll, dass man nicht weiß, wie es sich anfühlt, traurig zu sein, sich in der Dunkelheit verirrt zu haben, wütend zu sein und Tränen zu vergießen.

Deshalb spaltet sich der Geist mit seinem Lichtkörper (göttlicher Funke), den er beherbergt, auf. Denn der Geist allein hat eine reine Energie. Er ist reines Bewusstsein. Erst durch die Aufspaltung entstehen wiederum Geistwesen mit verschiedensten Geistimpulsen und dementsprechend auch ein Geistbewusstsein. Diese Geistenergien sind aber nicht polar. Deshalb müssen sie in polare Energien umgewandelt werden. Deshalb spalten sich diese Geistimpulse wiederum in verschiedene Frequenz-Fragmente auf. Das bedeutet, dass durch diese doppelte Aufspaltung astrale Bewusstseinsenergie entsteht, wodurch wiederum Astralwesen entstehen.

(Stell dir vor, du hältst ein Prisma aus Glas in die Sonne. Das Licht wird gebrochen und daraufhin entstehen unheimlich viele Farben. So ist das mit diesen Fragmenten.)

Das bedeutet, dass unglaublich viele Energien, also von extrem positiv bis extrem negativ, entstehen. Erst durch die Aufspaltungen werden sozusagen alle Schwingungszustände zum Leben erweckt, von ganz traurig bis ganz fröhlich. Jedoch kann der Geist nur mit einem „Fortbewegungsmittel" alle Schwingungszustände erfahren. Deshalb entsteht wiederum aus den Astralwesen jeweils ein Astralkörper, welcher einen Ausschnitt aus der Astralwelt ausdrückt oder auch verkörpert. Dieser Astralkörper, auch Astral-Ätherkörper genannt, ist das „Fortbewegungsmittel" für die Seele, die die Erfahrungen für den Geist machen soll. Damit das Ganze noch individueller wird, entwickelt jeder Körper ein Ego-Bewusstsein, welches eigene Wünsche, Gefühle und Gedanken beinhaltet. Das Spielfeld, auf dem das alles stattfinden soll, hat sich der Geist bereits mit seinem Quanten-Wellenfeld gebaut. Das Quanten-Wellenfeld ist die Erde. Wenn der Geist sich mit dem Äther-Astralkörper vertraut gemacht hat, taucht er in die Erde ein und daraufhin in einen grobstofflichen Körper.

Der Weg des Lichtstrudels zur Erde in Form eines Menschen würde vereinfacht so aussehen:

Abb 2.

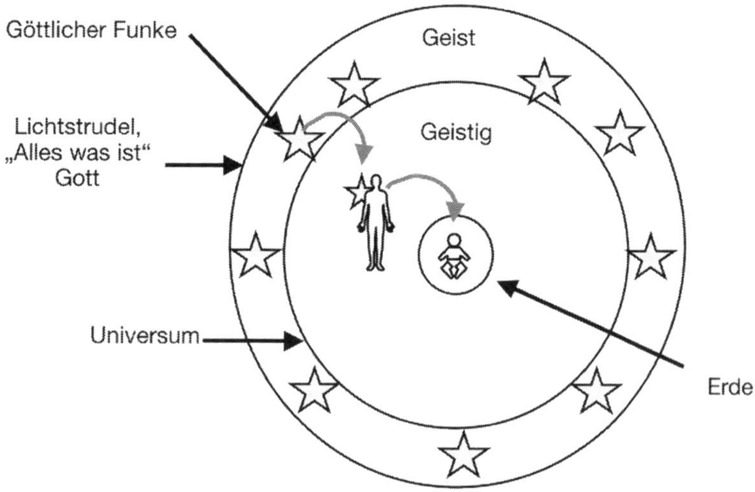

Du bist ein Teil des Ursprungszentrums aller Schöpfung. Also bist du ein Teil Gottes. Du bist Erschaffer und Schöpfer.

Wenn die Erde und alles, was du hier auf dieser Ebene findest, nichts anderes ist als ein vom Schöpfer projizierter Gedanke – was wirklich ein Wunder ist –, dann weißt du jetzt mit Sicherheit, was deine Gedanken bewirkt und was für ein großartiges Wunder du bist.

Primär sind es nicht deine Gedanken, sondern die Energien, die mit diesen Gedanken ausgesendet werden. Mit deinen unterbewussten, aber auch bewussten Energien kreierst du nämlich deine Realität, denn diese Energien werden auf deine Leinwand projiziert. Das bedeutet, dass deine Gedanken, Überzeugungen, Emotionen und Glaubenssätze deiner Realität entsprechen werden.

Also alles, was du denkst, glaubst, fühlst, sagst (...), wird als Welle ausgesendet und nimmt einen stofflichen Raum ein. Du kannst dir dein Gehirn als Projektor für die Leinwand vorstellen, der darauf alles projiziert, wovon du bewusst, aber auch UNTERBEWUSST überzeugt bist.

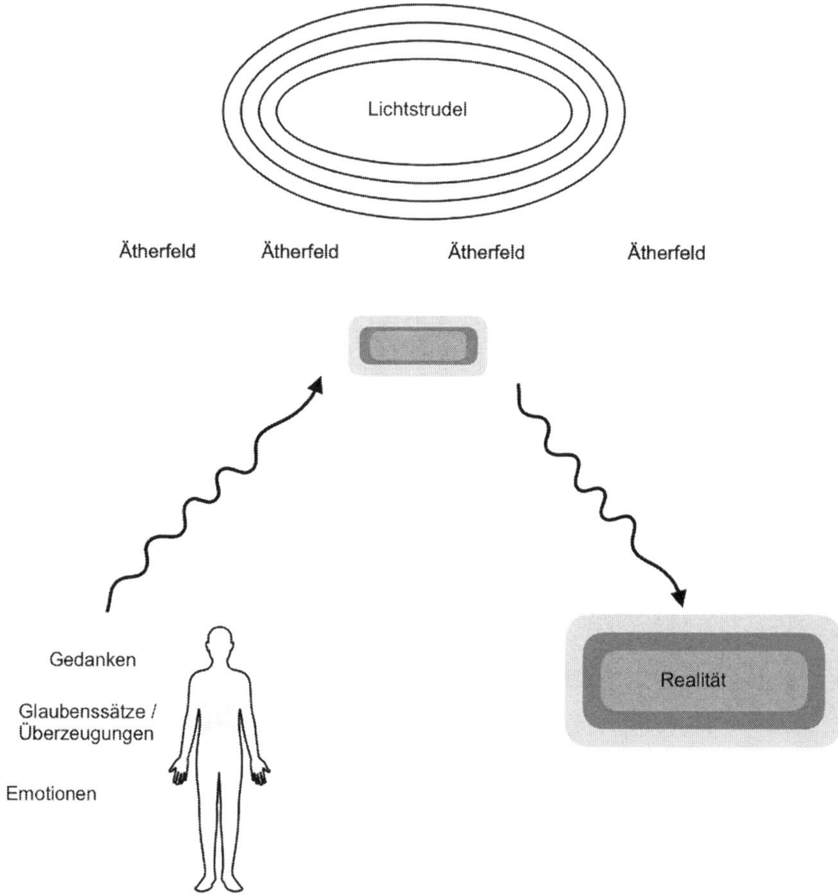

Wenn du zum Beispiel mit dir trägst, dass du nicht gut genug bist, wirst du das sehen. Wenn du mit dir trägst, dass du es nicht wert bist, wirst du es sehen. Wenn du Ängste mit dir trägst, werden sie eintreffen. Deine Überzeugung ist das, was zählt.

Übung 1a):

Nimm dir 5 intensive Minuten.
Schau dich nun um. Alles, was du siehst, ist nur ein Gedanke, eine Idee. Schau alles als Idee oder Gedanken an. Du bist vor allem ein „Mitschöpfer".
Schreib auf, was du dabei gefühlt hast.

Alles, was du denkst, was du fühlst und was du sagst, wird manifestiert.

Trennst du dich von deinen geistigen Barrieren, so trennst du dich von den Hindernissen in deinem Leben. Durch deinen Geist und dessen Bewusstsein ist es dir möglich, alle Zustände zu verändern.

Übung 1b):

Ich möchte dir kurz verdeutlichen, wie unbegrenzt du in Wahrheit bist.
Setz dich hin, schließ deine Augen und schau, was passiert. Du sollst nichts weiter tun, als dich hinzusetzen, deine Augen zu schließen und zu schauen, was passiert. Lass deinen Geist frei und schau, wohin er dich führt.
Wahrscheinlich schwebst du mit deinem Geist vor und zurück, in die Vergangenheit und Zukunft und wechselst dabei verschiedene Räumlichkeiten. Wahrscheinlich warst du gerade in Gedanken einkaufen oder warst in deinem Zimmer vor deinem Kleiderschrank, um nachzusehen, was du wohl anziehen könntest.
Schreib auch hier auf, was du gefühlt hast.

Wie du siehst, gibt es auf der geistigen Ebene weder Zeit noch Raum. Alles ist unbegrenzt. Aber aufgrund unserer tiefsitzenden Überzeugungen stoßen wir oftmals auf einen Widerstand, der uns nicht die vollständige schöpferische Kraft ermöglicht. Deshalb ist es höchste Zeit, sein Bewusstsein zu erweitern, was das Hochholen von alten Überzeugungen, destruktiven Verhaltensmustern, Blockaden, tiefsitzenden negativen Energien inkludiert, um endlich die schöpferische Kraft ausleben zu können, die du hast.

Im zweiten Gesetz werden wir uns die Schwingungen noch näher ansehen. Doch fürs Erste hast du schon ziemlich viel erfahren. Lass dir Zeit und verarbeite es in Ruhe. Das zweite Gesetz wartet schon auf dich.

2. Gesetz

Durch alles fließt Bewusstsein. Alles ist in Bewegung. Alles ist Schwingung.

Alles besteht aus Energie. Durch alles fließt Bewusstsein. Erst dann, wenn das Bewusstsein und die Energie durch etwas fließen, wird es zum Leben erweckt, denn jedes Wesen setzt ein Bewusstsein voraus. Stell dir die Energien als Wellen vor. Wellen, die erst zu Teilchen werden, wenn sie beobachtet werden. Vor sehr langer Zeit gab es nur eine Quelle, bis Gott auf die Idee kam, sie zu trennen. Daraufhin gab es die obere und die untere Quelle. Hier auf der Erde erscheint sie uns als Wasser und oben, wo auch immer das in deiner Vorstellung für dich sein mag, als Wunschbrunnen. Sowohl oben als auch unten erhört sie all deine Wünsche, Träume, aber auch Zweifel und Misstrauen. Wenn du dir noch kein richtiges Bild davon machen kannst, dann stell dir eine Quelle vor, in die du einen Stein hineinwirfst. Kannst du es sehen? Nun weißt du auch, wie es sowohl oben als auch unten aussieht. Ist das nicht einfach unfassbar? Alles, was du siehst, sind Energiewellen. Selbst wir bestehen aus Energiewellen. Wenn du dachtest, dass es tatsächlich feste Materie gibt, dann ist das nur so halb richtig.

Lass uns noch ein Stückchen weitergehen. Stell dir vor, du stehst mit deinem Freund oder deiner Freundin in einen Raum. Er oder sie stellt sich in eine Ecke und du stellst dich in die andere. Vielleicht gehst du nun davon aus, dass der Raum zwischen euch leer ist. Aber so leer ist der gar nicht. Der ist nämlich VOLLER Energie. Wellen, die nur darauf warten, von dir erforscht, informiert und transformiert zu werden.

Übung 2a):

Nimm einen Pullover, der in deinen Augen feste Materie darstellt, und tröpfle zwei Wassertropfen darauf.
Resultat: Dein Pullover ist genau an der Stelle nass, wo du Wassertropfen darauf getröpfelt hast, richtig? Wenn nun dein Pullover aus fester Materie bestehen würde, dann müssten die Wassertropfen an deinem Pullover entlang fließen und auf dem Boden landen, was sie aber nicht tun. Selbst wenn es regnet und Tropfen auf dem Teer landen, versickern diese im Boden.
Also ist weder dein Pullover noch der Boden feste Materie, sondern eine Form von verdichteter Energie, die dir fest erscheint.
Schreib deine Gedanken auf und hinterfrage gerne alles. Selbst meine Worte sollst du hinterfragen. Denn nur so wirst du zu deiner eigenen Erkenntnis gelangen.

Der Raum zwischen euch besteht aus Wellen der Möglichkeiten oder auch aus einer Quelle der Möglichkeiten.

Diese Wellen werden nämlich erst zu Teilchen, sobald sie einen Beobachter haben. Sie nehmen die Informationen auf, die der Beobachter mit sich bringt.

Somit sind sie keine Wellen mehr, sondern werden zu Teilchen und bekommen durch dein Bewusstsein einen Charakter. Du entscheidest, was aus diesen Wellen wird.

Es kommt ganz auf deinen Bewusstseinszustand an.

(Wenn ich zum Beispiel einfach im Bett liege und im Stillen meinen Raum beobachte, nehme ich Wände als Wellen wahr und nicht wirklich als feste Wände, die sich nicht bewegen. Also wenn du dir bewusst wirst, dass alles nur Wellen der Möglichkeiten sind, hast du unbegrenzte Möglichkeiten. Dann kann es sogar passieren, dass du wahrnimmst wie ich.)

Abb 4.

Also, welche Rolle spielt das Bewusstsein nun?

Das Bewusstsein sagt den Teilchen, wie sie sich verhalten sollen.

Das bedeutet, dass Bewusstsein eine Fähigkeit ist, die wir alle haben. Sie ist die Fähigkeit, die aus Quantenwellen lebensechte, feinstoffliche virtuelle Materie erschafft. Schließlich leben wir, wie bereits im ersten Gesetz erklärt, in einem Quanten-Wellenfeld.

Vielleicht kennst du das, wenn du nicht so recht weißt, was du mit dir anfangen sollst, wenn du keine Aufgabe bekommst. Genau so geht es diesen Teilchen auch, wenn es kein Bewusstsein gäbe.

Diese Wellen oder Teilchen sind also pure Energie, die zu allem werden kann.

Diese Energie nennt sich Quantenenergie und der Raum nennt sich Quantenraum.

Jetzt überleg mal ganz kurz und halte inne:

Was bedeutet das also?

Wenn diese Wellen auf dein Bewusstsein reagieren und einfach nur die Informationen wiedergeben, die sie von deinem Bewusstsein (den Gedanken, Gefühlen, Überzeugungen, Ängsten) bekommen, kannst du dir dann vorstellen, was für eine mächtige Kraft du hättest, wenn dein Geist frei von allen negativen Energien wäre? Kannst du dir vorstellen, was für ein Wunder du bist und dass du jeden Tag Wunder vollbringen kannst – mit deiner bloßen schöpferischen Kraft, also deinem Bewusstsein, weil du ein Teil Gottes bist?

Um dir das Ganze noch näher zu bringen, habe ich mir überlegt, dir unseren Sehvorgang in vereinfachter Form darzustellen.

Lass uns ganz kurz einen Einblick in unseren Sehvorgang werfen:

Wir können erst etwas richtig sehen, wenn Licht darauf strahlt. Nun besteht Licht aus elektromagnetischen Schwingungen, die erst zu Teilchen werden, wenn sie beobachtet werden. Wenn zum Beispiel Licht auf ein Haus trifft und von dem Haus auf unser Auge, dann verändert dieser Reiz (elektrischer Impuls) die Drehung unserer Proteine und somit die Eigenschaften der Sehzellen. Dieser Impuls wird in den hinteren Teil des Gehirns weitergeleitet, bis er das Sehzentrum erreicht hat. Dort werden dann diese Wellen als Bild entschlüsselt (dekodiert).

Abb5. Vereinfachte Darstellung

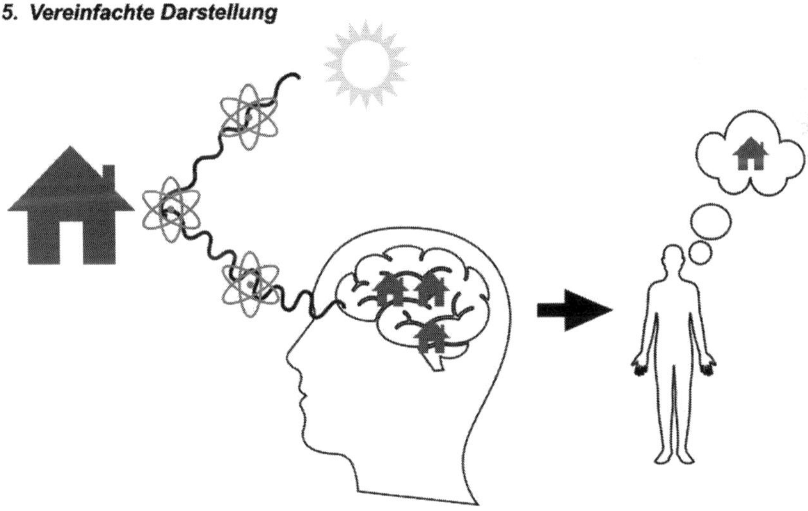

Das bedeutet, dass wir weder Töne hören, noch Gerüche riechen, noch Geschmäcker schmecken. Alles wird von unserem Bewusstsein entweder durch ein Bild, einen Ton, einen Geschmack oder durch einen Geruch interpretiert.

Wenn du zum Beispiel ein Gehirn aufmachen würdest, würdest du kein Bild von einem Haus sehen, geschweige denn einen Ton hören.

Das alles wiederum bedeutet, dass wir mit unserem Bewusstsein die Möglichkeit haben, aus Wellen lebensechte, feinstoffliche Bilder zu erschaffen, die den Anschein fester Materie erwecken. Erst durch unsere Beobachtung bekommen diese Wellen einen „Teilchen-Charakter". Also erzeugt unser Bewusstsein durch einen Impuls ein Bild.

Also könntest du mit deinem Bewusstsein theoretisch, solange es zum Wohler aller ist, den Baum in ein Haus verwandeln. Solange der Baum natürlich auch zustimmt. Natürlich kannst du den Baum nicht einfach ohne seine Erlaubnis und, ohne das Wohl aller zu berücksichtigen, in ein Haus verwandeln. Aber es gab schon immer Menschen beziehungsweise Meister, und es gibt sie immer noch, die schon so weit sind, dass sie ohne „feste Materie" ein Haus mit ihrem Geist entstehen lassen können, wo auch immer sie sind. Dafür brauchen sie kein Baumaterial. Ihr Werkzeug ist ihr Geist.

Dazu braucht es aber einen hohen Bewusstseinsgrad, also eine hohe Schwingung.

Wichtig ist jetzt aber, dass du dir Folgendes merkst:

Alles, was dir fest erscheint, ist nur Energie in verdichteter Form. Selbst unser Körper ist nur Energie in verdichteter Form, damit die Seele in unser Körperwesen inkarnieren kann und der Geist mithilfe seines Konstrukts seine Erfahrungen machen kann.

Alles ist Schwingung, durch alles fließt Bewusstsein und alles ist in Bewegung.

Ich habe mich immer gefragt, warum uns dann jeder sagt, dass es feste Materie gibt.

Beantwortet habe ich mir diese Frage wie folgt:

Einerseits könnte es die grundsätzliche Angst vor Andersartigkeit oder Fremdheit sein, andererseits könnten wir dann keine Erfahrungen mit dem Glauben, dass es nur feste Materie gibt, sammeln.

Lass uns noch ein Stückchen tiefer gehen.

Wenn elektromagnetische Schwingungen mit ihrer Information die Eigenschaften der Zellen verändern können, sodass wir zum Beispiel denken, dass vor uns ein Haus steht, dann können auch die Energien der Menschen die Zellen anderer Menschen so verändern, dass sie Dinge glauben, die sie sonst nie glauben würden. Also werden wir von unserer Umwelt beeinflusst, wenn wir uns beeinflussen lassen.

Stell dir unsere Zellen als kleine Wesen vor. Diese Wesen wollen überleben und tun alles dafür, um zu überleben, wie der Autor Bruce H. Lipton dies in seinem Buch „Intelligente Zellen" erklärt hat. Wie schafft man es am besten, zu überleben? Indem man sich anpasst. Also müssen sie sich an ihre Umwelt anpassen, denn nur so können sie letzten Endes überleben. Darüber hinaus ist das Faszinierende an diesen kleinen Wesen, dass sie wie kleine Festplatten sind, auf denen alles gespeichert ist.

Schauen wir uns doch einfach mal unseren Körper etwas näher an. Er besteht zu 95 % aus Wasser. Unsere Zellen bestehen ebenso aus Wasser. Wasser kann nicht beurteilen, ob etwas gut oder schlecht ist, genauso wenig wie unser Gehirn das kann, denn beides reagiert nur auf unsere Entscheidung, ob wir etwas aufnehmen oder nicht.

Wasser lässt sich einfach informieren und speichert diese Information genauso wie die Quelle, also das Ursprungszentrum aller Schöpfung, das tut. Denn Wasser ist genauso wie die Quelle. Es ist, es schwingt, es bewegt sich.

Wie reagiert also unser Gehirn und unser Körper darauf, wenn wir verurteilt und bewertet werden? Unser Körper speichert die Information, wenn wir es zulassen und uns davon beeinflussen lassen. Wie genau das funktioniert, habe ich dir auf der nächsten Seite vereinfacht dargestellt.

Ein Beispiel dazu:

Stell dir vor, dass du für eine Rolle in einem Theaterstück vorsprichst und diejenigen, die in der Jury sitzen, sagen, dass du nicht gut genug bist. Diese Wellenmuster, die mit diesem Satz einhergehen, bekommst du über deine Sinne von außen vermittelt. Diese Wellen ziehen sich durch dein ganzes Gehirn und werden auch als Wellenmuster gespeichert. Sie werden nicht in einzelnen Zellen gespeichert, wie viele annehmen, sondern – wie Dr. Karl Pribam herausfand – verfügt jede Zelle über alle Erinnerungen. Jede Zelle verfügt über alle Impulse.

Nun habe ich dir oben erklärt, dass sich Wasser informieren lässt, weil es nicht unterscheiden kann, ob diese Überzeugung nun zu deinem Wohl ist oder nicht. Wenn du nun selbst nicht darüber entscheidest, ob du diesem Satz Raum lässt oder nicht, wird er in deinem System gespeichert. Nach dieser Überzeugung wird sich dann deine Realität richten.

Diejenigen, die solchen Sätzen Raum lassen, werden höchstwahrscheinlich nie wieder für eine Rolle vorsprechen. Diejenigen, die andere Überzeugungen in sich tragen (z. B. Ich bin gut genug), werden so lange für eine Rolle vorsprechen, bis sie eine ergattern können. Doch das ist von Person zu Person unterschiedlich.

Ein anderes Beispiel:

Abb 6: Vereinfachte Darstellung

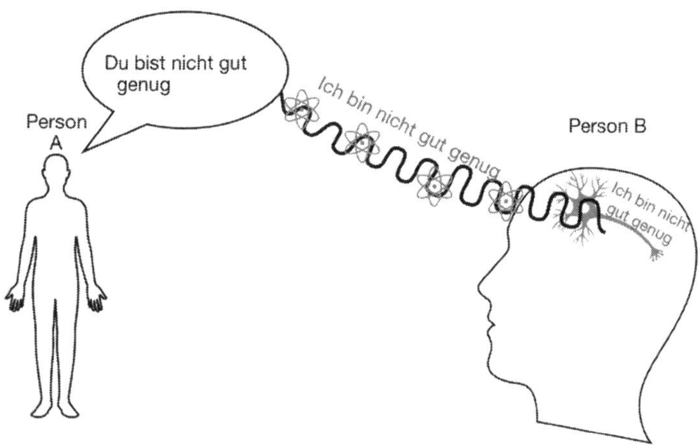

Stell dir vor, dass du zum Arzt gehst, der dir sagt, dass du eine Krankheit hast. Dieser Arzt sagt, dass diese Krankheit heilbar ist. Daraufhin holst du dir eine zweite Meinung, weil dir diese wichtig ist. Ein anderer Arzt ist genau vom Gegenteil überzeugt. Nehmen wir an, dass du dem Arzt, der davon überzeugt ist, dass die Krankheit unheilbar ist, mehr Glauben schenkst. Somit gewährst du diesem Wellenmuster, welches du über deine Sinne von außen vermittelt bekommst, Eintritt. Diese Wellen ziehen sich durch dein ganzes Gehirn und werden auch als Wellenmuster gespeichert. Somit ist das Programm vollendet. Für dich ist klar – solltest du diese Überzeugung annehmen –, dass du eine unheilbare Krankheit hast, und du zählst wahrscheinlich nur noch die Tage bis zu deinem Todestag, ohne zu hinterfragen, ob das überhaupt so stimmt. Das Problem ist, dass das Gehirn auch genau das durchführt, auf was es programmiert wird. Wenn dein Gehirn und deine Zellen darauf programmiert wurden, dass du eine unheilbare Krankheit hast, wird dein Körper auch genau das glauben und alles dafür tun, dass du auch genau das Resultat einer unheilbaren Krankheit bekommst. Es wird somit keine Heilung erfolgen können. Hier habe ich eine kleine Anregung zum Nachdenken für dich: Wenn Zellen alles dafür tun, um zu überleben, gibt es dann tatsächlich eine unheilbare Krankheit?

Stell dir immer die kleinen Wellen-Teilchen vor, die darauf warten, bis sie die nächste Information bekommen, um zu wissen, wie sie sich zu verhalten haben.

Wie sie sich zu verhalten haben, kannst du entscheiden, denn du hast den freien Willen, ob du dich von etwas beeinflussen lässt (ob du eine Information in dich hineinfliegen lässt) oder ob du sie daraufhin für dich transformierst. Du entscheidest, was du sehen und was du erleben möchtest. Du solltest dir nur bewusst machen, dass du diese Entscheidungsfreiheit hast. Wir tragen also oft Informationen ins uns, die gar nicht uns gehören, weil wir vergessen haben, dass wir eine Entscheidungsmacht haben.

Hinzukommend tragen wir auch Informationen in uns, die uns oft gar nicht wirklich bewusst sind, da wir nicht nur das aufnehmen, was wir gesagt bekommen, sondern auch die Informationen, die andere Menschen mit sich tragen.

Abb 7: Vereinfachte Darstellung

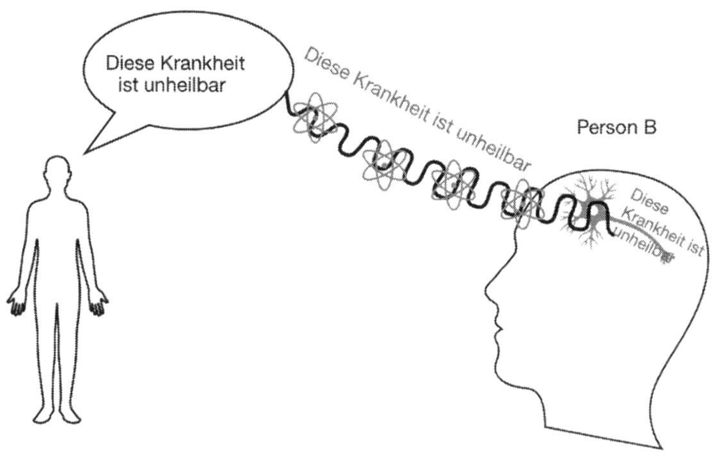

Wir sind nämlich mit unseren Mitmenschen in ständiger telepathischer Kommunikation.

Menschen mit erweitertem Bewusstsein bekommen diese telepathische Kommunikation mit. Menschen, die sich verschließen, bekommen das oftmals gar nicht mit. So tragen sie plötzlich Ängste/Informationen/Überzeugungen in sich, die gar nicht ihnen gehören.

Mit dieser telepathischen Kommunikation kommen auch die Sympathie und die Antipathie. Stell dir vor, du kommst in einen Raum und siehst eine Person, die dir plötzlich unsympathisch ist. Oftmals fragen sich die Menschen gar nicht, warum sie die Person nun unsympathisch finden, sondern gehen gleich in eine Abwehrhaltung.

Übung 2b):

Lass uns eine kleine Übung machen, in der du ein Gefühl für die Energie bekommst, die dich umgibt. Setz dich hin. Denke an Energie und schließe deine Augen.
Wenn du noch nichts spürst, ist das halb so wild. Wiederhole diese Übung einfach so lange, bis du die Energie spürst.
Wie macht sie sich bemerkbar? Meistens mit einem Kribbeln oder Kitzeln.
Notiere dein Gefühl/deine Erkenntnis.
Je öfter du diese Übung machst, desto sensibler wirst du für alle Energien. Manche Energien machen sich mit Schwindel bemerkbar oder einem warmen Gefühl in der Bauchgegend. Es kommt immer auf die Energie an.

Was passiert aber energetisch/telepathisch?

Innerhalb von Sekunden haben sich dein Körperwesen und das Körperwesen deines Gegenübers unterhalten. Sie haben in diesen Sekunden ihre Überzeugungen, Vorstellungen und Glaubenssätze miteinander verglichen. So haben sie entweder festgestellt, dass sie ähnliche Vorstellungen haben oder nicht. Daraus resultiert dann die Sympathie oder die Antipathie. Nach all dem Wissen, was du jetzt erlangt hast, verstehst du den Satz: „Wir sind auf einer Wellenlänge", ein bisschen besser.

Ein Beispiel noch zur telepathischen Kommunikation zwischen Hund und Mensch:

Stell dir vor, dass eine Person, die du schon etwas länger kennst, dir eine SMS geschrieben hat. Sie fragt darin, ob sie dich besuchen darf. Eigentlich bist du nicht so begeistert, da du die Person nicht so gerne hast. Du willst aber nicht unhöflich sein und sagst deshalb, dass sie gerne vorbeikommen darf. Während du die SMS also gelesen hast, wusste dein Hund schon, dass du die Person nicht magst, da er diese Information von dir erhalten hat.

Selbst Hunde reagieren nur auf Energien, die ein Mensch mit sich trägt.

Wahrscheinlich hätte dein Hund, wenn er sprechen könnte, gesagt: „Warum lädst du sie ein, wenn du sie sowieso nicht magst? Bleib doch deinem Inneren treu!"

Wie du siehst, lebt alles um dich herum. Durch alles fließt Bewusstsein, alles ist Energie und alles wurde irgendwann einmal informiert.

Alles ist Schwingung und in Bewegung. Aber wir gehen nur mit bestimmten Schwingungen in Resonanz. Was das bedeutet, erfährst du im nächsten Gesetz. Lass dir nun gerne Zeit und lass dieses zweite Gesetz auf dich wirken.

> Alles ist veränderbar. Deine Gedanken und Gefühle erschaffen deine Schwingung und deine Schwingung erschafft deine Realität. Liebe ich mich, werde ich geliebt werden.

3. Gesetz

Das Gesetz der Resonanz oder auch der Anziehung.

Nun habe ich dir bereits erklärt, dass alles schwingt, dass sich alles bewegt und dass durch alles Bewusstsein fließt. Hinzukommend weißt du, dass die Wellen/ Teilchen zu dem werden, was du sehen möchtest. Ihr Charakter entspricht deinem Bewusstseinszustand.

Nun gehen wir einen Schritt weiter und gehen zum Gesetz der Resonanz über.

„Resonare" kommt aus dem Lateinischen und heißt „widerhallen".

Also basiert der Spruch: „Wie man in den Wald hineinruft, so schallt es raus", auf einem universellen Gesetz.

Das bedeutet, dass du alles anziehst, was du ausstrahlst, beziehungsweise dass alles, was du ausstrahlst, zu dir zurückkommt.

Warum ist das so?

Den Wellen/Teilchen ist es nur so möglich, dir deine Realität, die du dir mithilfe von Überzeugungen, Gefühlen, Gedanken erschaffen hast, aufzuzeigen.

Sie zeigen dir also das auf der Leinwand, was du ausgesendet hast. (**Siehe Abbildung 3**)

Also alles, was du aussendest, nimmt stofflichen Raum an und dient dir als Spiegel.

Lass es uns an einem Beispiel veranschaulichen:

Du hast schon seit ein paar Wochen Angst davor, dass dein Chef dich kündigt, da er schon viele seiner Mitarbeiter entlassen hat. Wenn du dich nun wochenlang darauf konzentriert hast, dass du große Panik davor hast, dass man dich kündigt, dann wird es höchstwahrscheinlich dazu kommen, dass dich dein Chef irgendwann kündigen wird, da du genau den Gedanken mit der dazugehörigen Energie festgehalten und über Wochen ausgestrahlt hast.

Energie folgt der Aufmerksamkeit.

Dein Chef macht das aber nicht bewusst. Er denkt sich nicht: „Ach, ich kündige jetzt dieser Mitarbeiterin, weil das ihre größte Angst ist." Nein!

Es passiert, weil du der Schöpfer deiner Realität bist und du dir sowohl deiner Ängste als auch deiner schöpferischen Kraft bewusst werden sollst.

(Es kann aber auch sein, dass du gekündigt wurdest, weil dies zu deinem Seelenplan gehört oder weil du endlich viel mehr an deine innere Kraft glauben sollst, weil du ins Vertrauen kommen sollst etc. Hör auf deine Intuition, dann wirst du erfahren, warum das Ereignis so eingetroffen ist.)

Abb 8:

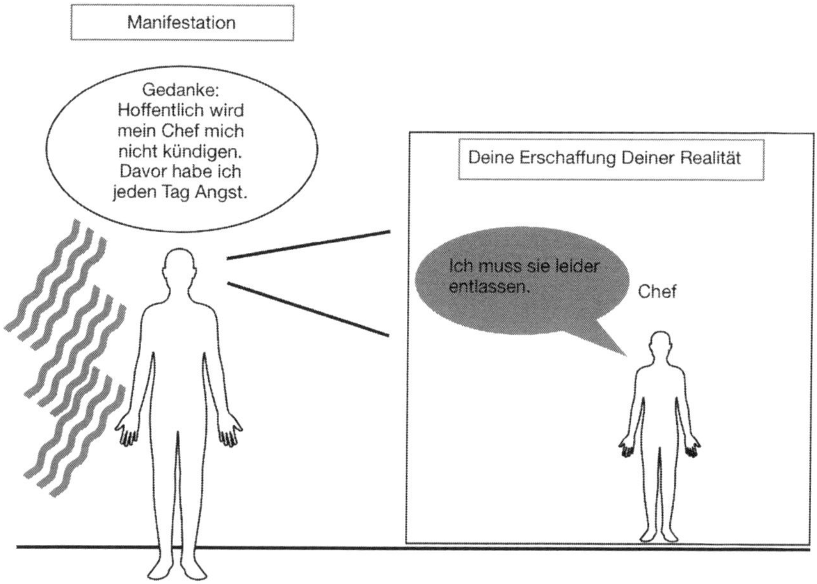

Das Ganze sieht dann ungefähr so aus:

Das bedeutet also, dass du mit einem Gefühl, einem Gedanken oder einer Äußerung Energie freisetzt und genau diese Energie manifestiert wird. Diese Manifestation wird zur verdichteten Form von Energie umgewandelt und somit in Materie transformiert, welche zu dir zurückkommt wie ein Bumerang.

Das Wort Emotion beschreibt diesen Vorgang ganz schön. Emotion („motus" ist lateinisch für „Bewegung" und „e" steht für „heraus") also ist Emotion etwas, was sich herausbewegt.

Sie ist die Kraft, die anzieht. Im Englisch sagt man „energy in motion", also Energie in Bewegung.

In dem oben geschilderten Fall ist es die Angst, die das Geschehen manifestiert hat.

Im Grunde gibt es nur zwei Emotionen: Angst und Liebe.

Wut, Frust und Zweifel entstehen aus der Angst heraus, doch oft wird das nicht erkannt, weil nicht tief genug geschaut wird. Zu oft bleibt man dann in der Wut oder in der Frust. Angst und alle dazugehörigen Emotionen (Energien, die sich bewegen und die Materie anziehen) haben eine sehr niedrige Schwingung und eine sehr hohe Dichte.

Freude, Glück und Wahrheit kommen aus der Liebe heraus. Liebe und die daraus resultierenden Emotionen schwingen sehr hoch. Diese Schwingungen haben eine sehr geringe Dichte. Diese Emotionen sind nichts anderes als Bewusstseinszustände, die von Mensch zu Mensch anders sind. Während der eine sich mehr auf der Schwingungsebene der Angst bewegt, schwingt der andere in Liebe.

Entweder gehst du mit einer hohen Schwingung in Resonanz oder mit einer niedrigen. Es kommt immer darauf an, was du aussendest. Schwingst du in Liebe, kommt Liebe zu dir zurück. Schwingst du in Angst, kommt sie zu dir zurück.

Du kannst dir das wie einen Spiegel vorstellen, der dir vorgehalten wird, um dir dein Innenleben zu präsentieren.

Es gibt viele Bewusstseinszustände, aber jedes Wesen möchte die höchstmögliche Schwingungsebene erreichen. Das ist die Liebe.

Stell dir das gerne mit Wasser vor. Warmes Wasser zum Beispiel hat eine sehr geringe Dichte. Kaltes Wasser hat eine sehr hohe Dichte. Warmes Wasser möchte nach oben und kaltes Wasser will lieber unten bleiben. So ist es auch mit den Bewusstseinszuständen. Liebe, Freude, Glück und Wahrheit wollen oben strahlen und schwingen sehr hoch. Aber Wut, Frust und Kränkung schwingen sehr niedrig und drücken dich nach unten. Während unten alles verschlammt, sehr dicht und schon fast erdrückend ist, ist oben alles weit, frei, lässt dich atmen und die Wahrheit erkennen.

So wollen unsere Seelen wie warmes Wasser sein. Sie wollen oben schwingen, denn da ist es klar, warm und frei.

Vielleicht hast du sogar schon etwas von Platons Höhlengleichnis gehört. Das Höhlengleichnis gibt genau das wieder, was ich dir soeben erklärt habe, nur auf eine andere Art und Weise. Solltest du mit diesem Gleichnis noch nicht in Berührung gekommen sein, kann ich es dir nur empfehlen.

Jedoch handelt es sich bei diesem Gesetz nicht nur darum, was du bewusst mit dir trägst oder bewusst aussendest, denn derzeit ist dein Unterbewusstsein voller negativer Energien und du handelst jeden Tag zu 95 % aus deinem Unterbewusstsein heraus.

Übung 3a):

Schreib deine größten Ängste auf.
Nun überleg, welche bisher eingetroffen sind. Lass dir für diese Übung Zeit, damit du keine Angst übersiehst. Bezieh nicht nur momentane Ängste ein, sondern auch Ängste aus der Kindheit, aus der Jugend. Du wirst sehen, dass eine deiner schlimmsten Ängste eingetroffen ist. Notiere dein Gefühl/deine Erkenntnis.

Übung 3b):

Schreib dir auf, in welcher Bewusstseinsebene oder auch Gedankenebene du dich am häufigsten befindest. Sei ehrlich zu dir selbst!

Das Leben ist gütig.	Das Leben ist feindselig.
Das Leben ist vollständig.	Das Leben ist traurig.
Das Leben ist harmonisch.	Das Leben ist böse.
Das Leben ist.	Das Leben ist unfair.
Das Leben ist bedeutungsvoll.	Das Leben ist enttäuschend.

Nun schreib auf, in welchem Zustand sich dein Leben momentan befindet. Vergleiche deinen Lebenszustand mit deiner Gedankenebene.
Siehst du Parallelen?
Notier dein Gefühl/deine Erkenntnis.

Es geht auch darum, was du im Unterbewusstsein mit dir trägst (z. B. Glaubenssätze aus der Kindheit), denn auch diese tief sitzenden Überzeugungen senden Energien aus, die dir so oft begegnen werden, bis du sie anerkannt hast.

Wenn du beispielsweise als Kind viel Ablehnung erfahren hast, wirst du wahrscheinlich davon überzeugt sein, dass du es nicht wert bist, anerkannt zu werden.

Also trägst du die Überzeugung: „Ich bin es nicht wert", mit dir. Diese Überzeugung wird sich im Außen zeigen, da du in diesem Satz schwingst. Vielleicht wirst du derzeit sogar abgelehnt. Jetzt weißt du auch, warum das so ist.

Verstehst du jetzt, warum es umso wichtiger ist, dein Bewusstsein zu erweitern, was das Hochholen vom Unterbewusstsein inkludiert?

Du kannst solche Spiegel als ärgerlich empfinden, ihnen daraufhin keine Aufmerksamkeit mehr schenken und warten, bis der Spiegel in einer ähnlichen Form wiederkommt. Doch das wäre für deine Bewusstseinserweiterung beziehungsweise für deine Entwicklung nicht förderlich.

Sieh den Ärger als Zeichen für etwas noch Unverarbeitetes. Du kannst ihn als kleines Kind wahrnehmen, welches sich somit Aufmerksamkeit verschafft, weil es sonst keine von dir bekommt. Deshalb macht es sich so aufmerksam, indem es Situationen für dich schafft, um dir zu zeigen, was noch nicht verarbeitet wurde. Dieses Kind namens Wut wünscht sich einfach, von dir geheilt zu werden.

Und schon sieht die Situation wieder ganz anders aus. Denn im Grunde ist es lieb gemeint.

Ein letztes Beispiel zum Thema „Gesetz der Anziehung":

Vielleicht ist dir das schon einmal passiert: Du hast an jemanden gedacht oder über ihn gesprochen. Ein paar Tage später bist du ihm plötzlich irgendwo begegnet.

Du dachtest dir wahrscheinlich: „Was für ein Zufall! Ich hatte diese Person schon eine Weile im Kopf und wollte mich mit ihr treffen oder ihr schreiben oder sie anrufen." Diese Situation basiert auf dem Gesetz der Anziehung, der Schwingung, des Geistes, aber auch noch auf einem anderen Gesetz, welches auf der nächsten Seite folgt.

Nun lass aber erst einmal dieses dritte Gesetz in Ruhe auf dich wirken.

4. Gesetz

Das Gesetz der Ursache und Wirkung.

Im letzten Kapitel ging es darum, dass du alles anziehst, was du ausstrahlst. Das Gesetz der Ursache und Wirkung geht mit dem vorherigen Gesetz einher. Im vorherigen Kapitel hatten wir das Beispiel, dass, wenn du länger an eine Person gedacht hast, es kein Zufall ist, dass du ihr über den Weg läufst oder sie dir über den Weg läuft, da du die Energie des Wiedersehens ausgesandt hast. Jede Energie ist die Ursache für eine Wirkung.

Nichts geschieht ohne Konsequenzen. Manche nennen das auch Karma, aber verwechseln es gerne mit Schuld. Wie kann ein göttliches Prinzip auf Schuld basieren? Was hätte das mit Göttlichkeit zu tun? Findest du nicht auch, dass das irgendwie nicht zusammenpasst? Du kannst es natürlich auch Karma nennen. Aber verbinde Karma am besten nicht mit Schuld. Denn wie wir jetzt wissen, schwingt Schuld sehr niedrig und lässt dich in einer Illusion leben.

> Zufall gibt es nicht. Zufall ist ein Wort, hinter dem ein unerkanntes Gesetz steckt. Denn alles passiert gesetzmäßig. Nichts passiert aus dem Zufall heraus.

Also jede Ursache trägt ihre Wirkung mit sich und auf jeder Wirkung basiert eine Ursache. Demnach entspringen alle Manifestationen als Wirkung aus einer Ursache und daraus bilden sich wiederum neue Ursachen für neue Wirkungen. Dabei entspricht jede Wirkung der Qualität der zugrundeliegenden Ursache. Für alles, was du tust, sagst, denkst und fühlst, gibt es eine Konsequenz. So ist es auch mit dem vorherigen Beispiel. Die Ursache für das Zusammentreffen mit der Person waren deine Gedanken an sie. Denn du hast diese Situation bereits gedanklich erschaffen. Somit hast du den Samen des Wiedersehens gesät.

Also kann aus einem einzigen Gedanken ein Universum werden, aus einem „Niemand" kann „Jeder" werden und aus „Etwas" kann „Alles" entstehen.

Um das für dich noch verständlicher zu machen, gibt es eine kleine Übung für dich.

Wie du siehst, basiert deine momentane Ernte auf einem Samen, den du gesät hast.

> Die Ursache für deinen momentanen Zustand bist du. Wenn du das erkennst, verstehst du wahrscheinlich auch, dass auch nur du diesen Zustand wieder ändern kannst. So ist das auch mit Krankheiten. Die Ursache für deine Krankheit bist du, also weißt du auch, wie du sie heilen kannst, denn du bist der Schöpfer. Du hast dich für alles entschieden und hast die Macht, mit Liebe alles wieder zu verändern oder aufzulösen oder neu zu erschaffen. Du bist ein Wunder!

Doch zu selten sehen wir Ereignisse aus dieser Perspektive, da wir uns ungern als Verursacher einer Wirkung sehen wollen. Das verstehe ich und kenne ich nur zu gut, denn anschließend kommen Schuldgefühle hoch und machen sich sofort breit. Dann wird das schlechte Gewissen immer lauter und fängt an zu schreien. So etwas Unschönes erlebt man nur ungern. Aber auch in diesem „unschönen" Ereignis liegt eine Schönheit und das ist die Erkenntnis, dass wir alle Schöpfer sind.

Übung 4a):

Stell dir vor, du bist Gärtner. Du bist aber nicht irgendein Gärtner, sondern ein Zaubergärtner. Der Garten lebt in dir und du pflegst diesen Garten mit deinen Gedanken, Gefühlen, Taten. (...) Du kannst alle möglichen Pflanzen säen. Doch diese Pflanzen sind ganz besondere Pflanzen. Die einen Pflanzen stehen für Erfolg, Glück, Gesundheit (...) und die anderen für Leid, Schmerz, Betrug (...). Nun hast du jeden Tag die Chance, etwas zu säen, indem du dir zum Beispiel vorstellst, einen Samen der Liebe, der Freude oder des Leides zu essen.
Schreib auf, welche Saat du momentan erntest und welche Samen du dafür in der Vergangenheit gesät hast.
Notiere deine Gefühle und Erkenntnisse.

Es ist an dir, dies zu entdecken, bevor du dich dazu entscheidest, den leichteren Weg zu wählen, indem du die Verantwortung jemand anderem in die Schuhe schieben möchtest. Weißt du, was du damit tatsächlich machst? Du entmachtest dich selbst, indem du dich deiner Schöpfungskraft beraubst und jemand anderen verantwortlich machst.

Ich habe mir in solchen Situationen immer die Frage gestellt, warum es mir oft schwerfällt, Fehler anzuerkennen und die Verantwortung für manche Situationen zu tragen.

Dann wurde mir klar, dass wir Fehler mit Ärger oder „Nicht gut genug sein" verbinden. Das kommt tatsächlich auch aus der Schulzeit. Da wurden wir nicht allzu selten für Fehler bestraft oder abgelehnt. Natürlich will man dann keine Fehler einsehen. Das würde dann auch bedeuten, dass man sich wieder so klein und machtlos wie damals fühlt. Obwohl es im Grunde nicht so ist. Denn Einsicht ist der erste Schritt zu Veränderung. Aber genau vor diesem damaligen Ereignis wollen wir uns schützen. Denn keiner will Ablehnung, Strafe und Ärger mehrmals erfahren. Deshalb bleiben wir oftmals lieber im Stolz und nutzen diesen wiederum als Schutz vor der damaligen schlechten Erfahrung. Somit hoffen wir darauf, dass sich diese schlechte Erfahrung mithilfe des Schutzes nicht mehr ereignet.

> Nur Fehltritte erlauben uns, Erkenntnis zu erfühlen und zu erlangen. Nur Fehltritte verhelfen uns, zu erkennen, was uns fehlt.

Ein Fehler in den Augen anderer könnte deine größte Chance sein und ein Schritt zu deinem größten Erfolg.

Jede Situation dient zu deiner Erfahrung und spiegelt dir deine Kraft. Ich kann verstehen, dass diese Kraft dir manchmal Angst macht, aber das muss sie nicht. Du entscheidest auch da, wie du sie einsetzt.

Also, sei ein guter Gärtner – und somit die Ursache und Wirkung für Gutes.

Lass dieses vierte Gesetz nun auf dich wirken. Lass dir Zeit bei der Verarbeitung und freue dich schon auf das nächste Kapitel. In diesem Kapitel wird es dann um die Geschlechter gehen.

Übung 4b):

Diese Übung kannst du jeden Tag vollziehen.
Abends vor dem Schaf: Welche Ursache war ich, dass heute ... passiert ist?
Morgens nach dem Schlaf: Welche Ursache möchte ich heute sein, um morgen ... zu sein?

5. Gesetz

Alles trägt zwei Geschlechter in sich.

So, wie es zum einen die himmlischen und irdischen Energien gibt, so gibt es auch die weiblichen und männlichen Energien. Bevor wir zu ihnen übergehen, kommen dir mit Sicherheit diese Sätze beziehungsweise Stempel bekannt vor:

Frauen sind schwach! Männer sind stark!

Adam und Eva wurden erschaffen. Es wurden nicht Eva und Eva oder Adam und Adam erschaffen. Eva hat eine Sünde begangen und Adam war der Anhänger. Eva war die Frau und Adam war der Mann. Plötzlich wurden aus diesen Informationen Auflagen, welche der Mann und die Frau zu erfüllen haben, um wirklich als Mann oder als Frau anerkannt zu werden.

Grundsätzlich hat jeder und alles sowohl männliche als auch weibliche Anteile.

Doch oft passiert es, dass man diese nach einem schlechten Ereignis unterdrückt, weil man gewisse Anteile mit etwas Schlechtem verbindet.

Manche Frauen verleugnen ihre weiblichen Anteile, weil sie sich sonst als Opfer fühlen. Manche Männer verleugnen ihre männlichen Anteile, weil sie das Gefühl haben, immer stark sein zu müssen, wenn sie ihrem männlichen Anteil nachgehen.

Viele entscheiden sich für ein Geschlecht, ohne zu bemerken, dass sie beides in und mit sich tragen. In keinem Gesetz steht geschrieben, wie man sich als Mann oder als Frau zu verhalten und zu kleiden hat. In keinem Gesetz steht geschrieben, dass Adam keine Brüste hatte und Eva schon. Man fing irgendwann an, Adam und Eva zu personifizieren, obwohl das gar nicht möglich ist. Da es eigentlich gedacht war, sie als Energien wahrzunehmen, also als männliche und als weibliche Energien, die es uns ermöglicht haben, neue Wege zu beschreiten und neue Möglichkeiten in Erwägung zu ziehen.

Durch Adam und Eva bekamen wir erst die Möglichkeit, dieses Leben so zu leben, wie wir es jetzt leben. Durch den Fehltritt, der im Grunde kein Fehltritt war, sondern ein Hinzufügen von Möglichkeiten, bestehen diese vielen Wege, die wir heutzutage gehen können.

Wir machen es aber zu einem Gesetz. Wir sagen, wie man zu sein hat und wie man auszusehen hat, wenn man dem einen oder dem anderen Geschlecht angehören möchte. Zugleich berauben wir uns unserer wahren, vollkommenen schöpferischen Kraft, indem wir einen Anteil verleugnen.

Was passiert durch die Verleugnung noch? Die Seele rutscht entweder in die linke (weibliche) Hälfte des Körpers oder in die rechte (männliche) Hälfte des Körpers.

Dadurch können auch hormonelle Störungen auftreten, da etwas, was zum Körper gehört und zur vollkommenen schöpferischen Kraft benötigt wird, verleugnet wird. Also muss der Körper dir melden, dass etwas nicht stimmt, und das macht er, indem er eine hormonelle Störung erzeugt.

(Das kann passieren, muss es aber nicht!)

Nehmen wir folgendes Beispiel:

Zu viel von der männlichen Seite aufgrund der Verleugnung der weiblichen Seite kann zur Folge haben, dass sich die kämpferische Energie des Mannes in Aggressivität umwandelt. Zu viel von der weiblichen

Seite aufgrund der Verleugnung der männlichen Seite kann zur Folge haben, dass die sanfte Energie der Frau zur extremen weinerlichen Energie wird oder zur Aufopferung führt.

Es kommt immer ganz darauf an.

Wie soll sich dieses Ungleichgewicht sonst bemerkbar machen, wenn nicht auf diese Art und Weise?

Vielleicht hat sich für dich nun auch die Frage geklärt, weshalb du dich so unvollständig fühlst. Das ist super einfach. Wenn du den Teil, der zu dir gehört, verleugnest, kannst du dich nicht vollständig fühlen.

Das ist ein Grund, weshalb wir Beziehungen führen.

Wir erhoffen uns, durch den Partner wieder die Vollständigkeit zu erlangen, die er uns aber nicht geben kann. Denn wie soll er uns etwas geben, wenn wir es uns selbst nicht geben können; denn vergiss nicht, dass dein Partner auch nur ein Spiegel ist, der dir aufzeigt, was dir fehlt oder was dich an dir selbst stört. Wenn wir nicht verstehen, dass die Vervollständigung in uns beginnt, werden wir sie auch nie erlangen.

Der Partner ist dazu da, um uns daran zu erinnern, dass es da noch eine andere Seite gibt, die wir aktivieren können, um uns wieder vollständig zu fühlen.

Es geht darum, auch in diesem Punkt sein Bewusstsein zu erweitern, indem du verstehst, dass du in EINEM KÖRPER geboren wurdest, um Erfahrungen zu sammeln, und dass du mithilfe von deinem Körper hier leben kannst. Dieser Körper ist aber nicht ausschlaggebend für deine Energien, die du für dich nutzen kannst. Denn du kannst sowohl männliche als auch weibliche Energien aufbringen.

Im folgenden Schaubild findest du ein paar Merkmale zu den männlichen und weiblichen Energien:

Nur, wenn wir die weiblichen und männlichen Energien in uns vereinen, erlangen wir die vollkommene schöpferische Kraft.

Die Abbildung soll dir zeigen, dass Gegensätze einander brauchen, um sich zu vervollständigen. Gegensätze sind in ihrem Wesen gleich, nur in ihrem Grad sind sie eben verschieden. Frauen leben ihre emotionalen Seiten aus, aber wenn es um ihren Partner oder um ihre Kinder geht, können sie gerne auch mal zur Löwin werden! Also machen sie sich die beschützerische Energie zu eigen. Männer leben gerne ihre rationale Seite aus, aber wenn plötzlich ihr Kind auszieht, werden sie ganz gefühlvoll und leben ihre Gefühle aus.

Abb 9:

Weibliche Energie	Yin und Yang	Männliche Energie
Empfangende Energie	+	Erschaffende Energie
Inaktive, sanfte Energie	+	Aktive, starke Energie
Fürsorgliche Energie	+	Beschützende Energie
Emotional	+	Rational
Intuition	+	Innere Stärke
Ist im Fluss des Lebens	+	Diszipliniert, Pflichtbewusst

Es geht also nicht darum, dass du in einem „weiblichen Körper" geboren wurdest und auch nur diese Energien nutzen darfst. Es geht auch nicht darum, dass du in einem „männlichen Körper" geboren wurdest und deshalb auch nur stark sein musst. Oft kommen ja solche Gedanken auf, wie zum Beispiel:

Übung 5a):

Überlege, in welcher Energie du dich am meisten befindest.
Schreib ein bis zwei Situationen auf, in denen du deine weibliche oder männliche Energie ganz klar zum Ausdruck bringst.
Dann spür in dich hinein und frag dich, ob du beide Energien bisher in Einklang gebracht hast oder ob du gegen die eine oder andere Seite ankämpfst. Wie fühlt es sich an, wenn du gegen einen Teil von dir ankämpfst?

„Ich bin ein Mann. Ich darf nicht weinen."

„Ich bin eine Frau, deshalb muss ich mich unterordnen."

Wie du siehst, darfst du dich an beiden Energiequellen bedienen. Du trägst beides in dir und darfst beides leben.

Dein Partner ist ein guter Anhaltspunkt für die Entwicklung der Vereinigung zwischen männlichen und weiblichen Energien, denn er zeigt dir, welche Seiten dir noch fehlen, um dich vollständig zu fühlen und von welchen Seiten du zu viel mit dir trägst.

Solltest du keinen Partner haben, ist das nicht schlimm, da du dich auch selbst sehr gut beobachten kannst. Ich hoffe, du konntest das Prinzip der Geschlechter mit einem offenen Herzen annehmen.

Es geht nicht darum, welches Fortbewegungsmittel du dir in diesem Leben ausgesucht hast, sondern um das, was du in dir trägst.

Lass dieses fünfte Gesetz nun gerne auf dich wirken. Lass es ruhen und komme bei dir an.

Das nächste Kapitel wartet bereits auf dich. Dort werden wir uns dann Gegensätze noch näher ansehen.

6. Gesetz

Das Gesetz der Polaritäten.

Ich bleibe bei dem Beispiel Mann und Frau. Da du dir wahrscheinlich schon oft in deiner Beziehung gedacht hast: „Noch gegensätzlicher geht es ja wohl nicht, da kann man gar nicht zusammenfinden."

Du hast recht, wenn du sagst, dass man aufgrund der Gegensätze nicht zusammenfinden kann, aber du hast auch recht, wenn du sagst, dass man trotz der Gegensätze zusammenfinden kann, da sie doch immer gleiche Strukturen aufweisen.

Gegensätze sind in ihrem Ursprung gleich, wären sie nicht gleich, hätten sie nicht dieselbe energetische Struktur und würden sich auch nicht anziehen können!

(Erinnere dich an das Gesetz der Resonanz.)

Polaritäten brauchen einander, um in Wechselwirkung, also in Kraft, zu treten und ein Ganzes zu bilden. Nur durch die Wechselwirkung können Wirkungen und Ursachen entstehen und noch vieles mehr. Wie sollte sonst Bewegung reinkommen, wenn es nur eine Seite gäbe? In der oberen Abbildung (Abb.9) hatten wir die bekannten Pole Yin und Yang. Auch sie brauchen einander, um das Ganze zu bilden. Es werden immer zwei Kräfte benötigt, sodass auch Schwingung, also Bewegung, entstehen kann. Selbst Bewegung hat einen Gegenpol: die Ruhe. Es ist an dir, die Balance zwischen Bewegung und Ruhe, zwischen links (weiblich) und rechts (männlich), zwischen oben und unten zu finden.

Damit du verstehst, was damit gemeint ist, habe ich dir unten ein Beispiel aufgeführt.

Beispiel aus der Numerologie:

Lass uns einfach Mal die Zahlen -7 und 7 als Beispiel nehmen.

Die linke Zahl trägt zwar ein Minus mit sich, gehört aber dennoch zu den Zahlen, genauso wie die andere Zahl, die kein Minus mit sich trägt. Es sind beides Zahlen, also haben sie denselben Ursprung.

Addiert man beide: -7+7=0, heben sie sich auf. Sie brauchen einander, d. h., sie bilden eine Einheit.

(Die Null bildet auch in der Zahlensymbolik einen Kreis, da sie für Vollkommenheit steht.)

In der Numerologie – einer der ältesten Geheimwissenschaften, in der jede Zahl mehrere Eigenschaften und Bedeutungen mit sich trägt – hat die Sieben einerseits Vertrauen ins Leben, aber auf der anderen Seite Angst, zu versagen, einerseits ist sie optimistisch und vital, aber auf der anderen Seite wieder traurig und verletzlich.

Es geht nicht darum, gegen den Minuspol anzukämpfen und ihn als Feind zu sehen. Denn Kampf bedeutet Druck und Druck bedeutet Gegendruck. Das wiederum heißt, dass sich „das Ungewollte" nicht auflöst.

Es geht um die Akzeptanz, dass Polaritäten eine Einheit bilden.

Verändere den ungewollten Pol, indem du ihn akzeptierst, aber den anderen Pol nutzt.

Selbst in einem Streit haben beide Recht im Unrecht und Unrecht im Recht. Alle Wahrheiten sind Halbwahrheiten, denn jeder hat seine eigene Wahrheit. So steht die Akzeptanz gegenüber „Alles, was ist" an erster Stelle. Denn, wenn du gegen dein Gegenüber kämpfst, kämpfst du gegen dich selbst.

> Ihr stammt beide aus demselben Ursprung. Ihr seid miteinander verbunden. Das Gegenüber trägt einen Teil von dir in sich und du trägst einen Teil von ihm in dir. Kämpfst du gegen dein Gegenüber, kämpfst du gegen dich – und so verirrt ihr euch in einer niedrig schwingenden Bewusstseinsebene, die euch daran hindern wird, zueinander zu finden.

Im Moment eines Streits geht es nicht darum, dass man definitiv nicht den ersten Schritt zur Besserung wagt, wenn der Andere doch auch auf seiner Position beharrt. Es geht auch nicht darum, wer Recht hat. Das gehört zur Kategorie Stolz, die ebenfalls sehr niedrig schwingt und zum Ego führt.

Mal abgesehen davon, wer hat schon ein tolles Gefühl dabei, Recht haben zu wollen und ständig um Ehre und Stolz zu kämpfen?

Nur, wer sich selbst und sein Innen nicht anerkennt, kämpft im Außen um Stolz und Ehre.

Es geht um die Akzeptanz gegenüber der Situation und gegenüber anderen Sichtweisen, die nicht deinen entsprechen, obwohl sie das wiederum im Grundwesen tun!

Diese Erkenntnis – falls du sie zulässt – wird dir in Konflikten zur Entspannung verhelfen.

Übung 6a):

Überleg dir eine Situation, in der du die Gegensätze innerhalb eines Konflikts gespürt hast. Welche Gegensätze waren es und überleg, warum sie in ihrem Wesen trotzdem gleich waren.

Ein Beispiel zu der Übung 6a:

Carla hatte einen Streit mit ihrem Mann Peter. In diesem Konflikt ging es darum, dass Carla Geld für Zigaretten ausgibt. Peter hingegen gibt Geld für gesunde Nahrung aus. Peter kann Carla nicht verstehen, weil sie ihr Geld für etwas Besseres ausgeben könnte. Carla versteht Peter nicht, weil sie ihr Verhalten nicht als destruktiv empfindet.

Beide fingen eine riesige Diskussion an, die in einer Eskalation ausartete.

Hintergrundinformation: Peter geht es definitiv nicht ums Geld, da er sehr gut verdient. Und Carla empfindet ihr Verhalten definitiv nicht als konstruktiv, da kein Raucher aus Leidenschaft raucht. Sie können sich das Rauchen nur zu gut als konstruktive Leidenschaft verkaufen.

Um was ging es hier eigentlich?

Dem Streit zugrunde liegt die Angst. Peter hat Angst, dass Carla krank wird. Und Carla hat Angst davor, mit dem Rauchen aufzuhören. Bei beiden liegt der Ursprungspunkt in der Angst.

Kommen wir auf das Ego-Bewusstsein zurück, wovon du im ersten Gesetz gehört hast. Denn es gibt einen Zusammenhang zwischen den Polaritäten und dem Ego-Bewusstsein.

Nun spielt das Ego-Bewusstsein (Gesetz 1) eine große Rolle, denn dieses entwickelt mit der Zeit eigene Wünsche und hat eigene Erwartungen. Es erschafft sich Feindbilder, um sich selbst zu erhalten, wozu er aber auch Menschen um sich herum braucht, die fast dieselben Vorstellungen vertreten, um wiederum doch Bestätigung zu erhalten.

Dieses Ego-Bewusstsein äußert sich mit folgenden Sätzen:

Ich bin jung.
Ich bin gut genug.
Ich bin alt.
Ich bin (...)

Es sind oftmals diese Sätze, in denen du sagst, was du bist und was du alles nicht bist. Das ist das Ego, also das falsche Selbst, das sich mit den Jahren entwickelt und dich von deinem wahren Sein trennt. Dieses Ego muss aber auf alles reagieren und sich ständig anpassen, damit es sich selbstverständlich selbst erhalten kann. Das kann oftmals zu Burn-Out, Depression (...) führen, schließlich versuchst du ständig, dich dem Außen, was sich ständig ändert, anzupassen. Du vergisst aber, dass das Außen nur virtuell ist, genauso wie dein Körper, genauso wie deine Gefühle etc. Dein wahres Sein ist Licht und Liebe und nicht das Ego-Bewusstsein, welches im Quanten-Wellenfeld programmiert ist! Es ist das, was alle Möglichkeiten beinhaltet. Dieses Ego-Bewusstsein reagiert auf die polaren Veränderungen, nur der Geist ist unpolar. Somit reagiert der Geist nicht auf die Veränderungen im Außen, was bedeutet, dass du dein wahres Sein erkennen solltest, um nicht mehr ständig im Außen wirken zu müssen. Denn das Ego bewirkt Ursache und Wirkung und somit auch dein

Karma. Dieses Karma wiederum ist in deinem Astralkörper gespeichert. Solange du deine Quelle nicht erkannt hast und aus dem Ego heraus agierst, wirst du wieder und wieder inkarnieren.

Vielleicht fragst du dich nun, wie du reagieren kannst, damit du die negative Polarität in eine positive verwandeln kannst, wenn sich die negative Seite in einer Weise ausbreitet und für mächtige Anspannung sorgt. Nachdem jedes Plus auch sein Minus mit sich trägt, kannst du jedes Minus in ein Plus verwandeln und jedes Plus in ein Minus. Es sind beide Pole und haben beide dieselbe energetische Struktur.

Nehmen wir ein Beispiel:

Carla und Peter. Während des Streits halten beide an den Illusionen fest, dass der Streit ausschließlich auf gegensätzlichen Meinungen beruht. Doch vergessen sie beide, tiefer zu blicken, da der Ursprung des Streits in der Angst liegt. Diese geht von beiden Seiten aus. Sie beharren aber beide auf ihren Meinungen, blicken nicht tiefer und fokussieren sich nur auf die Gegensätze und auf das „Problem".

Abb 10:

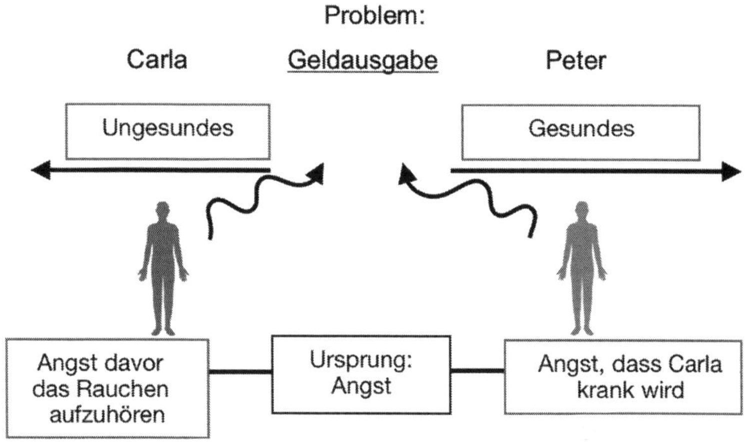

Je mehr sie Recht haben wollen, sich auf die Gegensätze fokussieren und auf ihrem Standpunkt beharren, geht aufgrund der ganzen Aufmerksamkeit, die sie dem Problem widmen, die ganze Energie in Richtung Problem und Gegensätze.

Spannung wird erzeugt. Die treibende Kraft beider liegt darin, dass sie Recht behalten wollen und ihre ganze Wut beim Gegenüber abladen.

Natürlich folgt daraus eine Eskalation. Schließlich liegt der ganze Fokus auf der Wut.

Doch beide haben vergessen, dass die Wut aus der Angst hervorgeht. Da aber Angst oftmals mit unschönen Erlebnissen einhergeht, hat man sich als Strategie ausgedacht, wütend zu werden, um die Situation nicht mehr erleben zu müssen, die sich damals ereignet hat. Also wird ordentlich für Spannung gesorgt, bis sich die Situation überlädt und eskaliert.

Energie folgt der Aufmerksamkeit.

Das Ganze würde dann so aussehen:

Es liegt also an dir, in solchen Momenten zu erkennen, welcher wunde Punkt von deinem Partner gedrückt wurde.

Vielleicht sagst du jetzt, dass du dich oft darum bemühst, ruhig zu bleiben, um die Situation zu entschärfen, aber es klappt einfach nicht. Dann solltest du darauf achten, welche inneren Überzeugungen beziehungsweise unterbewussten Energien du mit dir trägst, die nicht für Ruhe sorgen, sondern noch mehr Wut schüren.

Abb.11

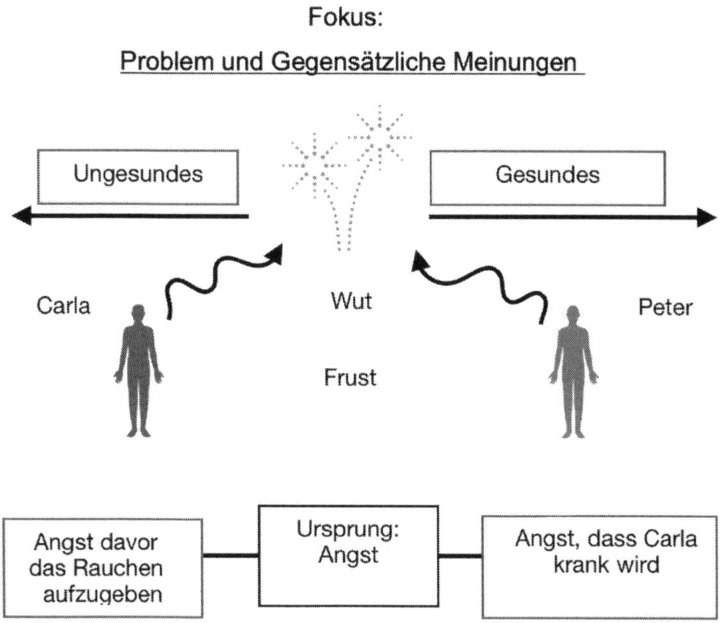

Wenn du nämlich ruhig bist, aber Gedanken hegst, wie zum Beispiel: „Ach, die/der schon wieder", „Ich habe gar keine Lust mehr auf sie/ihn", empfängt der Gegenüber genau das unterbewusst! Dann ist die Überreaktion des Gegenübers nicht verwunderlich.

Jetzt fragst du dich wahrscheinlich: „Warum gerade an mir? Warum sollte ich immer alles ändern? Warum sollte ich immer an mir arbeiten?"

Denkst du, dass dein Gegenüber nicht auch oft so denkt?

Wenn beide mit ihren Lernprozessen schon fertig wären, wären beide nicht da, wo sie sich gerade befinden.

Stelle dir lieber die Frage: „Was kann ich bei mir heilen, damit ich Heilung im Außen bewirke?", anstatt alles im Außen verändern zu wollen.

Zur Erinnerung: Ursache und Wirkung.

Natürlich sind hinter diesen Ängsten nochmal andere Ängste. Letzten Endes ist der Urgrund: mangelndes Vertrauen und mangelnde Selbstliebe.

Polaritäten sind vielmehr dazu da, Akzeptanz zu lernen und zu erkennen, dass selbst Polaritäten in ihrem Wesen gleich sind. Es geht darum, zu erkennen, dass wir trotzdem alle eins sind. Je früher du dich von den Illusionen der falschen Polaritäten, also davon, dass es nur Gegensätze ohne Einheit gibt, trennst, desto schneller kommst du ins Einheitsdenken und befreist dich von Urteilen.

Ich weiß, dass es schwierig ist, bei Streitigkeiten „zurückzustecken". Aber wenn du es als zurückstecken ansiehst, wirst du es auch als solches erleben. Letzten Endes geht es um ein friedliches Miteinander.

Ich weiß, dass wir als Kinder kaum unsere Meinungen sagen durften. Ich weiß, dass wir genau das nicht mehr erleben wollen, weil es natürlich nicht schön ist, von seinen Eltern nicht ernst genommen zu werden. Aber das ist oft der Grund, weshalb man auf seiner Meinung beharrt und Recht haben möchte. Also ist es in wunder Punkt, der noch geheilt werden möchte.

Erkenne dich an, bleib bei dir und erkenne deine tiefen verletzten Punkte an.

Genau das sind Streitigkeiten: Wunde Punkte, die geheilt werden wollen.

Jetzt ist die Frage, was du am besten tust, wenn sich ein Streit anbahnt. Da kommt wieder das Bewusstsein ins Spiel.

Es ist wichtig, sich Folgendes bewusst zu machen:

- Akzeptanz ist der Schlüssel zur Veränderung.
- Erkenne, dass ein wunder Punkt zugrunde liegt und geheilt werden möchte. (Überlege dir, wie du einem blinden, verletzten Menschen gegenüber stehen würdest.)
- Erkenne, dass du gerade gegen dich selbst kämpfst.

Abb.12

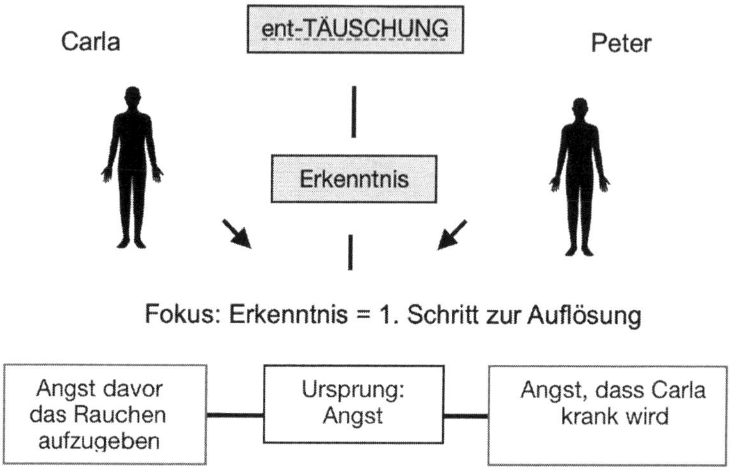

Wenn du dir diese Punkte vor Augen führst, dann wirst du sehen, wie schnell sich die Situation ändert.

Also versuche, dir am besten in einem Streit immer genau diese Punkte vor Augen zu halten und in DEINEM ENERGIEFELD zu bleiben. Es geht nicht darum, dem anderen aufzuzählen, was er falsch gemacht hat und warum er so ist, wie er ist.

Abb.13

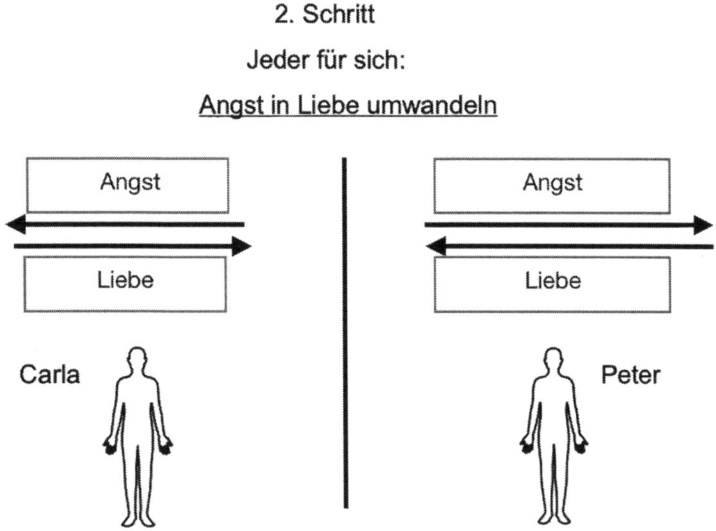

Oft will man sich nicht in Einsicht üben, weil man Angst hat. Angst vor dem, was man zu sehen bekommt, da man sich so fühlt, als wäre man das kleine Kind, welches einst einen Fehler begangen und Ärger bekommen hat. Lass dich nicht von der Enttäuschung und der dazu gehörigen Scham beirren, denn ohne sie gäbe es auch keine Erkenntnis. Gib ihr gerne Raum, doch lass dich nicht von ihr einnehmen.

Was macht Angst:

- Angst engt ein.
- Angst holt Wut, Frust und Zweifel hervor.
- Angst breitet Misstrauen aus.

- Angst trennt.
- Angst gibt einem das Gefühl, nicht verstanden zu werden.
- Angst sieht überall Feinde.
- Angst ist nicht gütig.
- Angst produziert Kämpfe.

Am besten ist es natürlich, die Angst, die in diesem Moment zugrunde liegt, anzuerkennen und sie zu akzeptieren. Nur, wenn du dir bewusst wirst, dass Angst zugrunde liegt, kannst du sie dann in Liebe umwandeln.

Was macht Liebe:

- Liebe ist gütig.
- Liebe vergibt.
- Liebe vertraut.
- Liebe vereint.
- Liebe ist frei.
- Liebe erkennt die Wahrheit.
- Liebe verbindet.
- Liebe ist Frieden.

Öffne dein Herz und du wirst dich in allem erkennen.

Abb.14

3. Schritt:

Sich mitfühlend in der Mitte treffen und sich mit der Liebe vereinen

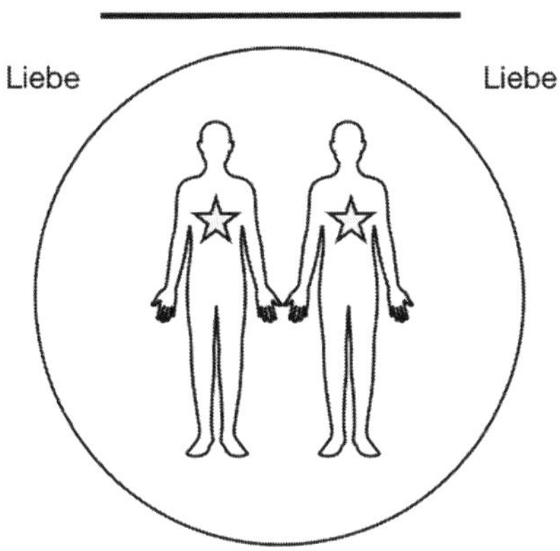

Liebe dich und du liebst alles, was ist, denn du bist „Alles, was ist".

Übung 6b):

Überleg dir eine vergangene Situation, die schlecht war. Was war das Gute an dieser Situation?

Alles ist positiv und negativ. Du hast immer die freie Wahl, ob du ein Gefühl und einen Gedanken festhältst oder ob du alles auch wieder loslässt.

7. Gesetz

Das Gesetz der Analogie.

Wie oben, so unten; wie innen, so außen; wie im Kleinen, so im Großen, und wie das Immaterielle, so das Materielle.

Alles manifestiert sich auf verschiedenen Ebenen, aber alles trägt seine Auswirkung mit sich. Welche Ebene es auch immer sein mag, du erfährst die Wirkung trotzdem anhand einer Situationen oder vielleicht anhand einer Person. Es gibt verschiedene Möglichkeiten.

Dennoch entspricht die Wirkung immer in gleicher Qualität, auch wenn sie in einer anderen Form entspricht.

Ein kleines Beispiel dafür:

Depression ist nur ein Ausdruck von innerem und langanhaltendem Druck.

Also haben wir einen inneren Druck, der sich in äußerer Erschöpfung zeigt.

Ein anderes Beispiel dafür:

Die Analogie im materiellen Mikro- bzw. Makrokosmos.

Ein Atom besitzt mit seinem Atomkern und seiner Atomhülle den gleichen strukturellen Aufbau unserer Erde.

Im Kybalion (Buch der Selbsthilfeliteratur und Philosophie) werden drei Hauptebenen definiert:

1. Die materielle Ebene,
2. Die mentale Ebene,
3. Die spirituelle Ebene.

Die materielle Ebene ist die niedrigste Ebene mit der niedrigsten Schwingung und wurde aus der mentalen Ebene erschaffen. Somit ist es klar, dass wir die materielle Welt durch unsere mentale Ebene (Glaubenssätze, Überzeugungen und Gefühle) erschaffen und beeinflussen.

Das bedeutet, dass du deine Umstände nach deinen tiefsten Überzeugungen manifestierst.

Dein Geist hat die Macht, Materie zu beeinflussen und zu erschaffen.

So besteht auch die Möglichkeit, dass du deinen Geist von Materie formen lässt. Es ist dein freier Wille, für was du dich entscheidest.

Hinzu kommt, dass unser Bewusstsein aus quantenphilosophischer Sicht einen Einfluss auch ohne materiellen Eingriff auf die Schöpfung unserer Wirklichkeit hat.

Die mentale Ebene steht zwar über der materiellen Ebene, aber dennoch unter der spirituellen Ebene. Dein Geist, der mit der mentalen Ebene gleichzusetzen ist, wird von deinem Ego beherrscht. Dein Ego wird in deiner Kindheit geformt und bestimmt, wenn du es zulässt, von dort an dein Leben. Wenn du dich aber von deinem Ego „desidentifizierst", löst du dich von alten Schmerzen, Ängsten und Blockaden und deinen Erzeugnissen deines Egos. Somit hast du die Möglichkeit, dich dann mit deinem wahren Sein zu identifizieren.

Sobald du also etwas verlierst, was du dir aufgebaut hast, zum Beispiel eine gewisse Eigenschaft, ist das ein „fester" Teil deines Egos, den du verlierst, was sich manchmal auch wie Sterben anfühlen kann. Das ist der Grund, weshalb du dich daraufhin unvollkommen fühlst. Folglich reagiert dein Ego mit Schmerz und Ängsten, damit du alles tust, um dich wieder vollkommen zu fühlen.

Wenn du versuchst, dich äußerlich anzustrengen, einer beruflichen Karriere nachzugehen und fremde Erwartungen zu erfüllen, versuchst du doch nur, das Bild, das du und andere von dir haben, zu befriedigen, weil das Ego dich dazu verleitet.

Die höchste Ebene ist die spirituelle Ebene. Das ist das Licht. Das reine Bewusstsein. Es ist abseits unserer mentalen und materiellen Erscheinung. Auf dieser Ebene existiert das Ego mit all seinen Ängsten und Schmerzen nicht mehr. Dieser Weg ist der Weg aus dem Schmerz, aus allen Ängsten und aus dem Leid. Es ist die Verbindung zu allem, was ist. Es ist der Anfang und das Ende zugleich. Da findet das Transzendieren statt, sofern du das zulässt.

Je mehr du geistig wächst, wirst du alle Zusammenhänge zwischen der materiellen Welt und der geistigen Ebene erkennen.

Mit der Eigenverantwortung können Schmerzen einhergehen, da diese Haltung impliziert, dass wir selbst auch die „Schuldigen" für das Schlechte in unserem Leben sind.

Dieser Prozess dient jedoch zur Eigenermächtigung und nicht zur Selbstverurteilung.

Eigenverantwortung resultiert in Eigenermächtigung.

> Alles, was starke Gefühle in dir auslöst, spiegelt dich.
> Du trägst die Verantwortung für dein Leben, deine Realität und deine schöpferische Kraft. Die Macht über deinen Lebensweg ist grenzenlos. Es gilt, dich mit deinem wahren Sein zu verbinden, um deinem Lebensweg nachgehen zu können, der deinem Seelenplan entspricht.

Wenn du also erkennst, dass dein Innerstes der Ursprung für DEINE Lebensumstände ist, dann erkennst du deine Macht, die du nutzen kannst, um dein Leben zu transformieren.

Ein kleines Beispiel dafür:

Wenn du eine Aufgabe nicht sofort umsetzen konntest, muss das kein Gefühl von Minderwertigkeit, Scham oder Schuld auslösen, sondern kann auch ein Zeichen für Genauigkeit oder Gewissenhaftigkeit sein.

Übung 7a):

Was verbindest du mit Liebe? Was verbindest du mit Sicherheit? Was verbindest du mit Vertrauen?

Es kann aber auch sein, dass du dadurch merken konntest, dass dich eine Angst blockiert, die du sonst nicht erkannt hättest, was für dich wieder eine Chance ist, um eine Blockade zu lösen.

Die Antwort ist immer Liebe

Ich hoffe, ich konnte dir damit schon etwas weiterhelfen und dich bei deinem Weg unterstützen. Du hast nun ein paar sehr wichtige Werkzeuge an die Hand bekommen, mit denen du das Leben schon viel leichter durchschreiten kannst.

Darstellung von Fin Zinn

Ich sende dir viel Liebe und Licht.

Ben - dein Wegbereiter

Danksagung

Hiermit möchte ich mich bei allen Lesern bedanken, die sich auf die Reise der Bewusstseinserweiterung und damit zu Selbstermächtigung machen.

Durch die Selbstermächtigung entwickelt sich die Selbstverantwortung, dass das Bewusstsein für die eigene Kraft und Macht steigt.

Mein größter Dank gilt meiner Partnerin Nurkan Özcan, meiner Mama, meinem Bruder und meinem Hund. Diese Begleiter waren mir die größten Spiegel, die besten Lehrer und die treusten Weggefährten.

Schlusswort

Da wir nun wissen und verstehen wie alles zusammenhängt und das Verständnis für das Dasein als geistiges Wesen vertieft wurde, ist es umso wichtiger die Bewusstseinserweiterung zu halten. Je mehr wir uns unserer Verantwortung als kleine Erden hier auf der großen Erde bewusst werden, desto mehr Frieden kann erschaffen werden. Hauptsächlich entstehen Kriege und Kämpfe durch mangelndes Verständnis und somit durch mangelnde Empathie. Um so schöner, dass wir uns unserer Aufgabe und unseres wahren Wesens annehmen, indem wir den Weg der Bewusstwerdung, des tiefen Verständnis bis hin zur Bewusstseinserweiterung gehen.

In Frieden, Liebe und Wahrheit. Meine Vision ist es allen Menschen diese Bewusstwerdung zu ermöglichen, somit habe ich mich dafür entschieden einen eingetragenen Verein namens Humandogo - Bewusstwerdung zu gründen. In diesem Verein hat jeder die Möglichkeit alle Online Kurse, welche sich über 7 Wochen erstrecken und für Suchende, Mensch - Hund - Teams und Eltern, Erzieher Lehrer geeignet sind, Meditationen und Übungen zu machen. Alles ist auf Spendenbasis und wer daran interessiert ist, kann sich auch von mir und weiteren Mitglieder begleiten lassen. Gemeinsam Bindung erschaffen.

Weitere Bücher von Ben James Griebel

Aurelia - Meine Gedanken machen mich stark

Affirmation und Manifestieren für Kinder – Aurelia entdeckt das Geheimnis für mehr Achtsamkeit, Selbstvertrauen und Glück

Aurelia macht sich auf die Reise, um die Kraft ihrer Gedanken zu erforschen. Auf dem Weg ihrer Reise findet sie einen Stein, in dem sich viele Geheimnisse verbergen. Durch diesen Stein offenbart sich die Magie der Gefühle und Gedanken. Durch ihn wird ihr bewusst, was für eine Kraft sie hat.

Aurelia lernt mithilfe des Steines und seines Bewohners, wie sie ihre Gedanken und Gefühle nutzen kann, um sich und gleichzeitig aber auch anderen Gutes zu tun. Vor allem erfährt sie, wie sie am Frieden der Erde mitwirken kann. Erfahre auch du, wie du mit deinen Gedanken und mit deinen Gefühlen zum Friedensstifter wirst, aber gleichzeitig auch dir und anderen etwas Gutes tun kannst.

Liebe Leserin, lieber Leser,

hat Ihnen dieses Buch gefallen? Wir freuen uns über Ihre Verbesserungsvorschläge, Kritik und Fragen zum Buch.

Die Meinung und Zufriedenheit unserer Leserinnen und Leser ist uns sehr wichtig.

Kontaktieren Sie uns deshalb gerne und schreiben uns eine E-Mail an ***feedback@eulogiaverlag.de***

Wir freuen uns auf Ihre Nachricht.

Herzlichst

Ihr Eulogia Verlags Team